Beter communiceren in de hulpverlening

AF091350

Beter communiceren in de hulpverlening
Het Dialoogmodel als leidraad

Jac Maurer
George Westermann

Bohn Stafleu van Loghum
Houten, 2007

© Bohn Stafleu van Loghum, 2007

Alle rechten voorbehouden. Niets uit deze uitgave mag worden verveelvoudigd, opgeslagen in een geautomatiseerd gegevensbestand, of openbaar gemaakt, in enige vorm of op enige wijze, hetzij elektronisch, mechanisch, door fotokopieën of opnamen, hetzij op enige andere manier, zonder voorafgaande schriftelijke toestemming van de uitgever.

Voor zover het maken van kopieën uit deze uitgave is toegestaan op grond van artikel 16b Auteurswet 1912 j° het Besluit van 20 juni 1974, Stb. 351, zoals gewijzigd bij Besluit van 23 augustus 1985, Stb. 471 en artikel 17 Auteurswet 1912, dient men de daarvoor wettelijk verschuldigde vergoedingen te voldoen aan de Stichting Reprorecht (Postbus 3051, 2130 KB Hoofddorp). Voor het overnemen van (een) gedeelte(n) uit deze uitgave in bloemlezingen, readers en andere compilatiewerken (artikel 16 Auteurswet 1912) dient men zich tot de uitgever te wenden.

Samensteller(s) en uitgever zijn zich volledig bewust van hun taak een betrouwbare uitgave te verzorgen. Niettemin kunnen zij geen aansprakelijkheid aanvaarden voor drukfouten en andere onjuistheden die eventueel in deze uitgave voorkomen.

ISBN 978 90313 49739
NUR 777

Ontwerp omslag: Studio Bassa, Culemborg
Ontwerp binnenwerk: Studio Bassa, Culemborg
Automatische opmaak: Alfabase, Alphen aan den Rijn

Bohn Stafleu van Loghum
Het Spoor 2
Postbus 246
3990 GA Houten

www.bsl.nl

Distributeur in België:
Standaard Uitgeverij
Mechelsesteenweg 203
2018 Antwerpen

www.standaarduitgeverij.be

Inhoud

	Voorwoord	7
1	**Verantwoording**	9
2	**Het Dialoogmodel**	13
	Inleiding	13
	Drukke Hans	19
	Teruggetrokken Marc	22
	Overwegingen	26
3	**Het Dialoogmodel als hulpmiddel bij inventarisatie**	28
	Inleiding	28
	Intolerante Paul	29
	Klemzittende Clara	33
	Overwegingen	36
4	**Het Dialoogmodel als hulpmiddel bij kennismaking**	38
	Inleiding	38
	Ruziënde Jan	38
	Experimenterende Joyce	41
	Overwegingen	45
5	**Het Dialoogmodel als hulpmiddel bij indicatiestelling**	47
	Inleiding	47
	Ontsporende Kasper	47
	Bedreigde Wilma	50
	Overwegingen	53
6	**Het Dialoogmodel als hulpmiddel bij de dialoog**	56
	Inleiding	56
	Bedrukte Marcel	57
	Vermoeide Rachid	61

	Felle Sonja	64
	Overwegingen	68
7	**Het Dialoogmodel als hulpmiddel in een behandelgroep**	**70**
	Inleiding	70
	Impulsieve Bernadette	71
	Zichzelf verwaarlozende Nico	74
	Overwegingen	80
8	**Het Dialoogmodel als hulpmiddel bij evaluatie**	**82**
	Inleiding	82
	Dwangmatige Suzanne	82
	Stoere Jeroen	85
	Overwegingen	89
9	**Het Dialoogmodel als hulpmiddel bij voorlichting**	**91**
	Inleiding	91
	Aandachtstekortstoornis met hyperactiviteit (ADHD)	92
	Psychotische ontregeling	95
	Overwegingen	101
10	**De theorie**	**102**
	Inleiding	102
	Het gebruik van meerdere invalshoeken	103
	De dynamiek van systemen	103
	De interactie tussen persoon en omgeving	106
	Hechting als essentiële factor voor geïntegreerde ontwikkeling	109
	Procesfactoren die de vormgeving van het Dialoogmodel bepalen	111
11	**Besluit**	**117**
	Training in het Dialoogmodel	120
	Literatuur	**121**
	Bijlagen	**124**
	Dankwoord	**131**
	De auteurs	**132**
	Register	**134**

Voorwoord

Het Dialoogmodel is bedoeld om in een hulpverleningsrelatie de onderlinge communicatie te vergemakkelijken. Het Dialoogmodel ondersteunt het bereiken van een werkbare overeenstemming over probleemdefiniëring, verwachtingen, doelen van behandeling en over de mogelijkheden om deze te bereiken.
Hoe meer eenduidigheid tussen hulpvrager en hulpverlener over vraag, doel en mogelijkheden bestaat, hoe vruchtbaarder en effectiever (en daarmee efficiënter) de samenwerking kan worden.
Dit boek is geschreven vanuit één bepaalde setting, de kinder- en jeugdpsychiatrie, waarin wij, de auteurs, al vele jaren werkzaam zijn. Vanuit deze werksetting hebben we veel contact met andere instellingen binnen de jeugdzorg zoals Bureaus Jeugdzorg en de jeugdhulpverlening. Lezers uit andere werkvelden zullen gemakkelijk parallelprocessen ontdekken binnen hun eigen werkveld.
Het Dialoogmodel kan ingezet worden bij allerlei vormen van hulpverlening (advies, begeleiding, behandeling) in allerlei settings (huisartsenpraktijk, algemeen ziekenhuis, zorginstellingen, geestelijke gezondheidszorg, enz.).
Het Dialoogmodel is een verdere uitwerking van het door ons eerder geïntroduceerde ID-model (Integratie-Differentiatiemodel), waarover twee publicaties verschenen zijn (Westermann & Maurer, 2003; Maurer & Westermann, 2003). Het eerste artikel bevat vooral theoretische overwegingen, het tweede artikel beschrijft de praktische toepassing van het ID-model.
In dit boek werken wij de toepasbaarheid van ons model verder uit aan de hand van praktijkvoorbeelden. We volgen daarbij het proces van aanmelding tot evaluatie van de behandeling. De hoofdstukken zijn afzonderlijk te lezen. We ronden het boek af met een toelichting van de theoretische uitgangspunten, waaruit duidelijk wordt dat het Dialoogmodel, ook al oogt het simpel, het complexe samenspel van

factoren binnen een persoon en in zijn omgeving uitdrukt. Lezers die zich eerst willen verdiepen in de theoretische achtergrond kunnen het beste eerst hoofdstuk 10 lezen. De andere hoofdstukken zijn grotendeels opgebouwd uit casuïstiek.

Het gebruik in de praktijk staat dus centraal in dit boek. De door ons gebruikte formulieren zijn als bijlagen in het boek opgenomen en zijn ook op de website van de auteurs te vinden (www.dialoogmodel.nl) en op die van de uitgever (www.bsl.nl; zoek op titel/auteur of ISBN; zie hiervoor de colofonpagina). Ze kunnen door de lezer gekopieerd/gedownload en gebruikt worden (met bronvermelding).

In de volgende hoofdstukken geven we aan hoe wij het Dialoogmodel inzetten in de contacten met hulpvragers en hoe we het gebruiken in het overleg tussen hulpverleners, ten dienste van het overleg met de hulpvragers. Door hun reacties en onze ervaringen is het model en het gebruik ervan in de loop van de tijd verfijnd. We verwachten dat deze ontwikkeling zich zal voortzetten, vooral als het model op meerdere werkplekken wordt toegepast.

Jac Maurer en George Westermann
najaar 2006

Verantwoording

In onze hulpverleningsgesprekken hadden we zelf de ervaring hoe lastig het is om enerzijds uitdrukking te geven aan hoe wij de hulpvragers begrijpen in hun noden en verwachtingen, en anderzijds hoe onze eigen opvattingen helder naar voren te brengen en daarover in gesprek te komen. We betrapten ons erop dat we ons in het ene gesprek heel anders uitten over ons vak dan in het andere, met van elkaar verschillende verklaringsmechanismen van gedrag. Als we bij de behandeling van een angststoornis cognitieve gedragstherapie voorstelden, legden we uit dat gedrag te begrijpen is via de cyclus G(ebeurtenis)-G(edachte)-G(evoel)-G(edrag)-G(evolg). Bij een aandachtstekortstoornis met hyperactiviteit (ADHD) hadden we een ander verhaal, meer in termen van hersenaandoening of inhibitiezwakte. Bij een hechtingsstoornis en een contactstoornis spraken we vooral van gemis aan empathie om het gedrag en de beweegredenen van anderen te begrijpen, terwijl we bij psychotische stoornissen eerder spraken over kwetsbaarheden en ontregelingen binnen het integratiesysteem.

Hier is niets mis mee, en dat doen we nog steeds zo, waar mogelijk en bruikbaar, maar vaak is het verhaal van de hulpvragers complexer. De angststoornis van een kind dat leeft in een onveilige en verwaarlozende omgeving, waarin ouders hulpverleners als incompetente bemoeials zien, is een andere angststoornis dan die van een aangepast kind in een redelijk functionerend middenstandsgezin, tot uitdrukking komend in enkele fobische klachten. Een behandeladvies voor een kind met ADHD dat opgroeit in een goed gestructureerd gezin met stevige ouders luidt anders dan het advies voor een kind met ADHD dat opgroeit in een overvraagd gezin. Het verloop en de behandelingsmogelijkheden bij problemen in de hechting, in de contactname, of bij een psychotische stoornis worden mede bepaald door omgevingsvariabelen. Ook de mogelijkheden en capaciteiten van het betrokken kind zelf zijn bepalend voor de voorgestelde interventies.

We worstelden regelmatig met het naar voren brengen van al deze factoren op een overzichtelijke en niet-beschuldigende manier, en om daarbij de aanwezige competenties voldoende 'in beeld' te brengen. Ook voelden wij onvrede met het ogenschijnlijk 'vage' karakter van ons vak (hulpverlening bij ernstige psychische en psychiatrische stoornissen), waarin zoveel verschillende verklaringsmechanismen van en visies op gedrag naast elkaar bestaan, vaak op een elkaar uitsluitende of tegenstrijdige manier. Wij zochten wegen om deze verschillende invalshoeken te integreren in een meer overkoepelend model of denkraam.

Wij ondervonden dagelijks dat in de jeugdzorg de communicatie tussen hulpverleners nogal eens ingewikkeld verloopt door het gebruik van verschillende concepten en begrippen, inherent aan de verscheidenheid aan vak- en werkgebieden. Op de opname- en behandelafdelingen in de psychiatrie ontbrak een gezamenlijke taal tussen de verschillende hulpverleners (ieder 'toestandsbeeld' kent zijn eigen definities en aanpak), een taal die weer anders was dan de taal die met de opgenomen hulpvragers en het gezinssysteem gedeeld werd. Er ontstonden op te veel plekken in onze ogen onnodige misverstanden in de communicatie door het tegelijkertijd gebruiken van verschillende 'talen' naast elkaar.

Er zijn nog twee andere invloeden te melden die ons aanzetten tot het zoeken naar een meer eenduidig en breed toepasbaar model. Beide zijn meer theoretisch van aard, en hebben te maken met vragen die wij ons stelden over hoe een persoonlijkheidsstoornis zich precies ontwikkelt, en over het algemeen gebruikte diagnostische classificatiesysteem volgens DSM-IV.

Hier melden wij dat wij vooral het dynamische ontwikkelingsaspect misten (een mens is geen statisch gegeven, differentiatie- en integratieprocessen gaan steeds voort), vaak niet goed uit de voeten konden met starre categorieën, en het relationele en systemische aspect onderbelicht vonden. Een mens leeft immers in en dankzij zijn context. In het laatste hoofdstuk van dit boek zullen we dit verder toelichten. Wij voelen ons sterk verwant met de ontwikkelingen die de hulpvragers meer in de positie brengen van meedenker, meebeslisser en mee-uitvoerder vanuit hun eigen krachten en hun netwerk. Het Dialoogmodel is voor een belangrijk deel ontstaan uit de behoefte om de zorg in samenspraak vorm te geven en te streven naar zo veel mogelijk zelfsturing en inbreng van het hulpvragende systeem.

Al deze invloeden hebben ons ertoe aangezet om te zoeken naar en te puzzelen op een model waar we goed mee uit de voeten zouden kunnen, enerzijds voor ons eigen 'professioneel welbevinden' (meer inzicht, meer overzicht, eenvoud), anderzijds voor de hulpvragers die zich aan ons toevertrouwen. Zij verlangen gehoord en gezien te worden in hun noden, in hoe zij zaken zien en ervaren. Zij verwachten transparantie in onze inzichten en mogelijkheden. Zij hopen op interventies die aansluiten bij hun mogelijkheden en beperkingen. En zij verwachten daarbij deskundigheid en eenduidigheid. Als professionals binnen de jeugdzorg moeten we ons bewust zijn van deze positie. Mensen hebben voor ons 'gekozen', niet voor een andere vorm van hulp. En waar wij ouders dikwijls adviseren om vooral helder, duidelijk en consequent te zijn, mogen zij dat ook van hulpverleners verwachten. Daarbij willen zij als persoon gezien en bejegend worden en niet als drager van een stoornis.

Deze overwegingen brachten ons tot de ontwikkeling van het Integratie-differentiatiemodel (ID-model) (Westermann & Maurer, 2003; Maurer & Westermann, 2003) dat we in een schema uitwerkten (figuur 1).

De uitleg over en de betekenis van de verschillende onderdelen van het plaatje zullen in de loop van dit boek duidelijk worden. Twee processen vinden wij binnen de ontwikkelingsgeschiedenis van een mens cruciaal, te weten *integratie* en *differentiatie*, vandaar de naamgeving van het model. Integratie heeft betrekking op het proces van integratie van alle lichaamsfuncties, nodig voor een adequate afstemming op de omgeving, en differentiatie verwoordt het voortdurende veranderingsproces van deze lichaamsfuncties. Bij dit laatste is te denken aan zowel groei als veroudering van organen, en op psychologisch niveau aan de onder invloed van leerervaringen steeds veranderende capaciteiten.

In het overleg met onze hulpvragers merkten wij dat we twee aspecten uit het schema – zintuigen en motoriek – relatief weinig gebruikten. Ook constateerden we dat het plaatje nogal abstract oogde voor veel mensen. We maakten het daarom iets eenvoudiger, en tekenen er een speels poppetje bij (zie het volgende hoofdstuk). Daar pasten we de naam van het model bij aan. De benaming ID-model geeft geen enkele aanduiding waar je aan moet denken of waar het voor te gebruiken is. Door het model *Dialoogmodel* te noemen, willen we duidelijk en onomwonden aangeven dat het ingezet kan worden in de dialoog met elkaar. De 'D' en de 'i' van dialoog zijn nog als een verwijzing naar 'differentiatie' en 'integratie' te zien, maar we accentueren dat verder niet.

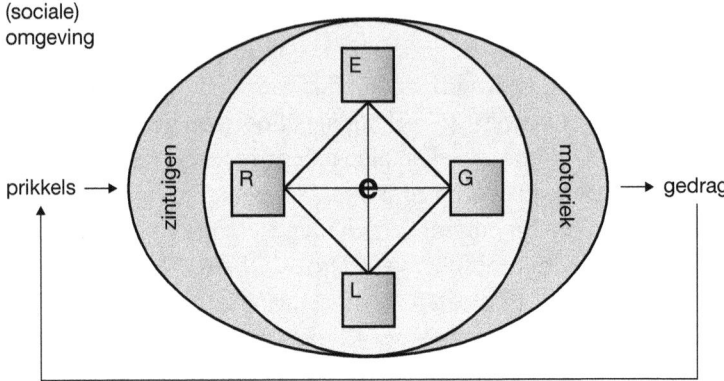

Figuur 1 Schematische voorstelling van het ID-model
In het regelsysteem is met letters het volgende aangegeven:
L = lichamelijk domein
R = relationeel domein
E = emotioneel domein
G = gedachtedomein
e = eenheid/evenwicht

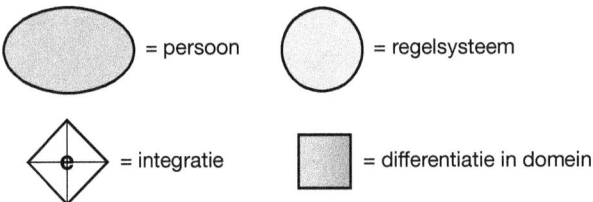

Het Dialoogmodel is geen theoretisch, maar een praktisch model. Het probeert in een hulpverleningsrelatie recht te doen aan individuele, interactionele en contextuele aspecten, het probeert deze te integreren tot uitgangspunt voor overleg en afstemming.
Het model is in al zijn eenvoud een 'plaatje', een denkkader waarover gesproken kan worden in gewone woorden. Het kent veel toepassingsgebieden en –mogelijkheden, zoals uit de volgende hoofdstukken zal blijken.

2 Het Dialoogmodel

Inleiding

In dit hoofdstuk wordt het Dialoogmodel inzichtelijk gemaakt aan de hand van casuïstiek. Eerst volgt hier, samengevat, de achterliggende visie.

Het uitgangspunt van het model is eenvoudig: wij zien de mens, onszelf, als een 'regelsysteem'. Wij leven in een complexe wereld (te zien als een verzameling van allemaal regelsystemen) waarin wij enerzijds staande moeten en willen blijven, en die wij anderzijds vorm moeten geven. Daarbij zijn wij onlosmakelijk verbonden met andere mensen, niet alleen genetisch, evenzeer via omstandigheden als eigen voorkeuren en wensen.

Wij krijgen te maken met een veelvoud aan 'prikkels' uit onze omgeving; zelf laten wij 'gedrag' zien. Als het lukt om deze prikkels zodanig te verwerken dat adequaat gedrag volgt, dan zeggen we: 'wij hebben het goed geregeld'. Lukt het niet, dan kan een situatie van 'ontregeling' ontstaan. Dit kan uitdagend zijn en groei opleveren. Het kan echter ook onhanteerbaar zijn en stagnatie geven. De ultieme ontregeling is de dood.

In het begin van het leven komen de reguleringsmechanismen van een persoon tot ontwikkeling, onder invloed van interne (lichaamseigen) en externe (omgevings)prikkels. Geruime tijd zijn we sterk afhankelijk van onze omgeving om te overleven. De twee eerder genoemde elkaar beïnvloedende processen zijn daarbij van belang: *differentiatie* en *integratie*. Het steeds specifieker functioneren van systemen binnen het individu (zoals het leren lopen en praten) noemen we differentiatie. De afstemming van deze verschillende functies binnen het individu en de afstemming van deze functies op zijn omgeving noemen we integratie. Een voorbeeld is de seksuele ontwikkeling: de puber krijgt te maken met lichamelijke veranderingen en nieuwe emoties en gedachten die elkaar beïnvloeden, en die een andere afstemming op zijn omgeving vragen. Uit die omgeving worden andere verwachtingen, andere mogelijkheden en andere prikkels aangeboden (ook de ander presenteert zich anders, aantrekkelijker en begeerlijker!). Probeer dat allemaal maar eens bij elkaar te brengen, te houden en te regelen!

Ter introductie van het Dialoogmodel gebruiken we de tekst 'Goed geregeld' die we aan adolescenten (en hun ouders/verzorgers) bij een psychiatrische opname geven (zie ook bijlage 1, achteraan in dit boek). Voor een meer theoretische uitleg en een bredere definiëring van ons Dialoogmodel verwijzen we naar hoofdstuk 10 in dit boek.

Goed geregeld!?

Deze uitleg is voor jou (en voor je ouders/verzorgers).

Je bent bij ons gekomen omdat er problemen zijn. Jij en je omgeving krijgen het zelf niet goed meer geregeld.

Wij willen samen met jullie zoeken naar mogelijkheden waardoor het weer lukken kan.

Daarbij willen we gebruik maken van jullie sterke kanten en houden we rekening met de minder sterke.

Als er problemen zijn komt dat meestal op meerdere gebieden tot uiting: in hoe je met anderen omgaat, in je emoties, in hoe je denkt, en in hoe het lichamelijk gaat, en hoe jij en je omgeving op elkaar reageren.

Om te zorgen dat je zaken weer beter geregeld krijgt, dat je sterke kanten beter tot hun recht komen, en dat je beter met je minder sterke kanten om kunt gaan, willen we samen met jou kijken hoe dat te bereiken is.

Duidelijk is: hoe het met je gaat, heeft niet alleen invloed op jouw gedrag, maar ook op je omgeving. En de reacties uit je omgeving hebben weer invloed op jou en je gedrag.

We kunnen dit op deze manier tekenen:

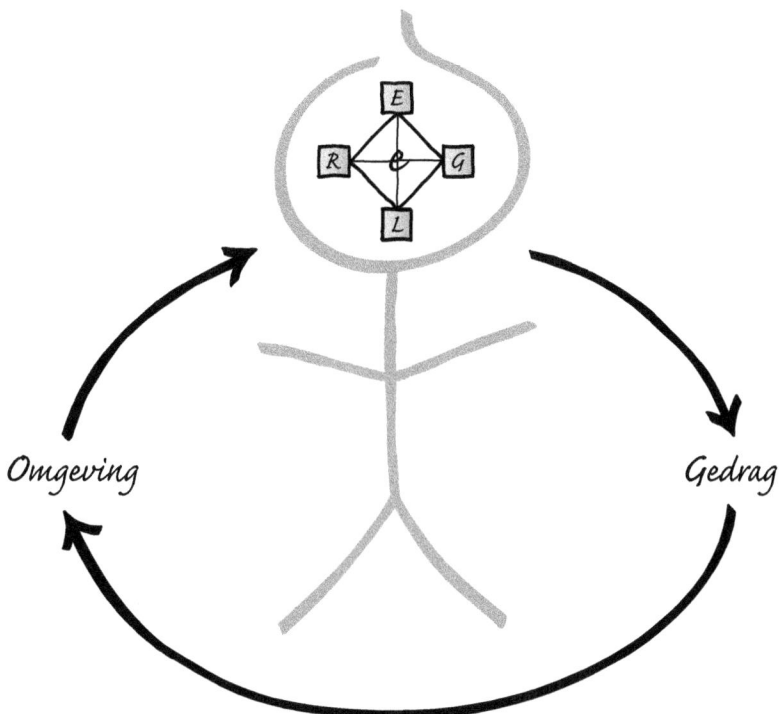

Figuur 2 Het Dialoogmodel.

Ieder mens is anders, is een uniek persoon. Je lichamelijke eigenschappen (L), je gevoelens, emoties (E), je gedachten (G) en hoe je met jezelf en anderen omgaat (R), bepalen samen wie je bent, wat je wilt en kunt.

Deze vier kanten van jezelf hebben we met de hoofdletters in het rondje gezet. Die vier staan niet los van elkaar, als je bijvoorbeeld sterke emoties hebt, zal dat ook je gedachten bepalen, zal je lichaam bepaalde reacties laten zien, en ga je op een bepaalde manier met anderen om. In het plaatje hebben we daarom de verschillende kanten met lijntjes verbonden. Ze zullen elkaar steeds op allerlei manieren beïnvloeden. Het feit dat ze kunnen veranderen, is in elk blokje te zien door de overgang van licht naar donker.

Als het goed met je gaat, zijn de verschillende kanten in evenwicht en vormen ze samen een eenheid (de letter 'e' in het midden). Daarom hebben we de e in het midden gezet.

Als er problemen zijn is er meestal bij enkele van de genoemde kanten iets mis gegaan en werken ze niet meer zo goed samen: je raakt dan ontregeld.
Samen gaan we kijken hoe je REGeLsysteem weer beter kan functioneren, zodat je je met vertrouwen verder kunt ontwikkelen, in evenwicht met je omgeving (thuis, school/werk, vrienden). Wij kijken ook naar wat die anderen kunnen bijdragen.

We gaan met jou en je ouders/verzorgers na waar jouw/jullie sterke kanten liggen, hoe die zo goed mogelijk te gebruiken, en wat je minder sterke kanten zijn, om die zo goed mogelijk te verstevigen.
Het bijgevoegde werkblad vullen we samen in.
Samen gaan we aan de slag, zodat je na een tijdje kunt zeggen: goed geregeld!

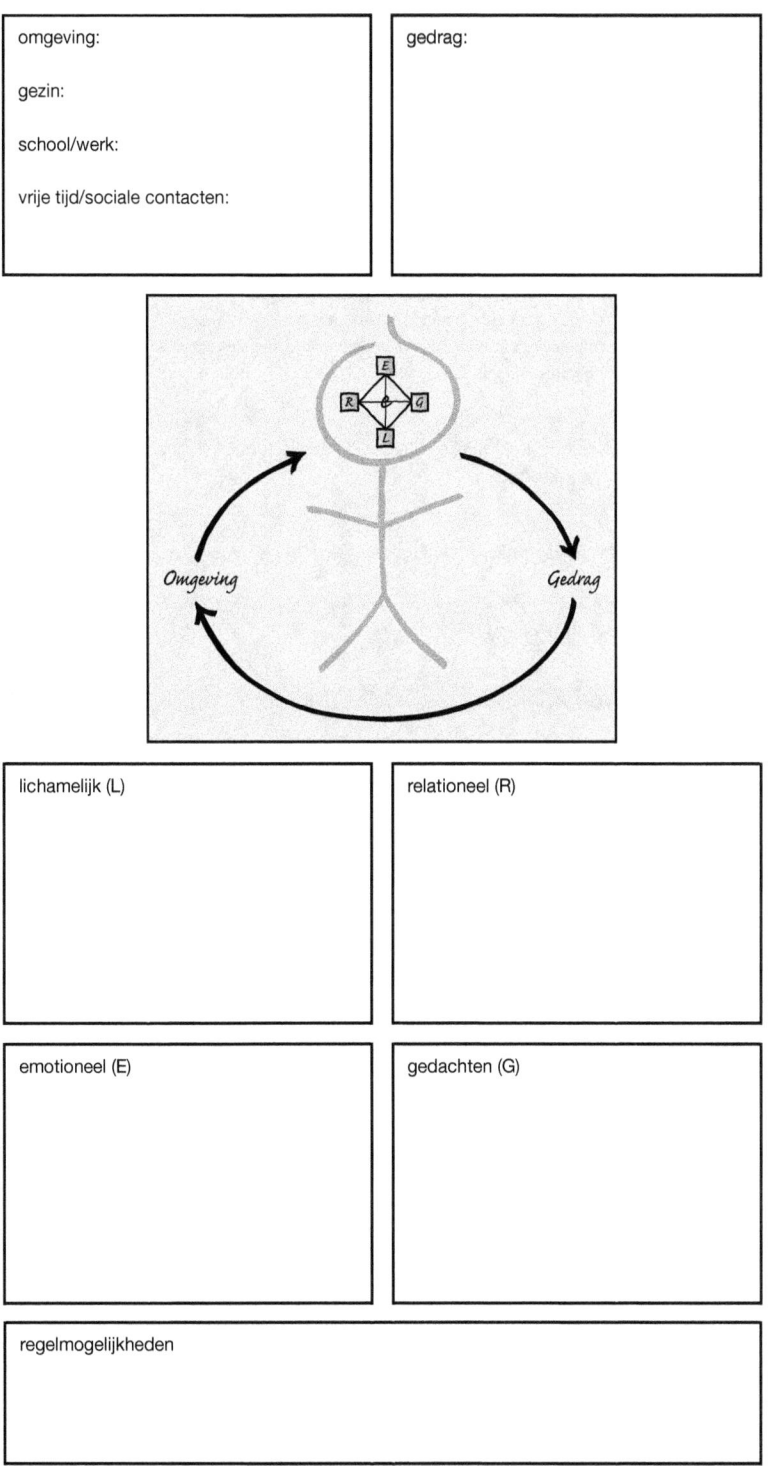

Figuur 3 Werkblad Het Dialoogmodel met tekstvakken.

Om het inzicht in kenmerken die in de verschillende domeinen een plaats kunnen krijgen te vergroten, geven we in tabel 1 een globale ordening. Wij benadrukken dat de domeinen geen elkaar uitsluitende en strak af te grenzen entiteiten zijn, maar abstracties om enige praktische ordening aan te brengen in een veelheid van gegevens. Inmiddels is duidelijk gemaakt dat deze abstracties niet willekeurig, maar in een bepaalde samenhang gekozen zijn.

Tabel 1	Globale omschrijving van de verschillende onderdelen van het Dialoogmodel.
Omgeving	de gezins- of samenlevingssituatie, school/werk, vrije tijd/sociale contacten, steunpunten, eventuele andere hulpverlening
Lichamelijk domein	algehele lichamelijke ontwikkeling en conditie (ook: ziekten en handicaps, familiaire belasting), temperamentskenmerken
Relationeel domein	de capaciteiten en beperkingen in contactname/relationele stijl
Emotioneel domein	alle aspecten van de gevoelswereld
Gedachtedomein	alle aspecten van het cognitief functioneren en de taal
Gedrag	het algeheel functioneren met de aanmeldingsproblemen die in gedrag tot uitdrukking komen
Regelmogelijkheden	de mate waarin het kind/de jongere en de directe omgeving zelf en samen hun functioneren in ruime zin geregeld krijgen

Het is niet nodig en zeker niet de bedoeling om bij het verzamelen van gegevens de gebruikelijke onderzoeksmethoden te veranderen ten bate van het Dialoogmodel. Iedere discipline heeft haar eigen methodiek, iedere hulpverlener zijn eigen kennis, kunde en ervaring die hij inzet. Wij stellen juist voor om de resultaten van alle verschillende invalshoeken te vertalen in termen van ons model aan de hand van vragen als:
In hoeverre en op welke wijze is de aangemelde en het gezinssysteem ontregeld? Welke zelfregulerende krachten zijn er nog?
Wat weten we van zwakke en sterke kanten binnen het emotioneel, gedachte-, relationeel en lichamelijk domein, en de omgeving?
Is er voldoende zicht op mogelijk interne en externe verstorende prikkels?
Biedt de omgeving voldoende ondersteuning?
Welke hulpbronnen in hun netwerk zijn beschikbaar?

Wat is er aan bruikbare kennis over de wisselwerking tussen het kind en de omgeving?
Waar weten we te weinig van om de samenhang te kunnen begrijpen? Hoe meer inzicht wij als hulpverleners hebben in wat er speelt, hoe duidelijker wij hierover met de hulpvragers kunnen spreken en samen met hen tot gemeenschappelijke beschrijvingen van sterke en zwakke aspecten kunnen komen. Op basis van een dergelijke overeenstemming is het gemakkelijker om een gezamenlijk behandelings-/begeleidingspad uit te stippelen.
Het bovenstaande gebruiken we op de volgende manier in de praktijk. Dat laat meteen zien hoe wij het model gebruiken in *dialoog*: het is ontwikkeld en bedoeld om met onze hulpvragers te kunnen overleggen over wat er speelt en wat gedaan kan worden in gemeenschappelijke en heldere bewoordingen.
Aan de hand van de volgende voorbeelden laten we zien hoe dat in zijn werk gaat.

Drukke Hans

De ouders van Hans (15 jaar) melden hun zoon aan omdat het steeds slechter met hem gaat. Als peuter was hij al heel druk en had hij vaak ruzie met andere kinderen. Hij dacht nooit na. Op de lagere school hing hij altijd de clown uit. Hij beloofde en belooft van alles, maar houdt nooit vol. 'Op dit moment voert hij op school niets meer uit en laat hij zich beïnvloeden door verkeerde vrienden. Hij luistert niet meer naar ons', aldus de ouders. 'Hij gaat steeds meer zijn eigen gang maar lijkt helemaal niet gelukkig. Hij doet wel stoer, maar zegt steeds vaker dat hij altijd de schuld krijgt en niemand om hem geeft. We hopen (als ouders) dat iemand hem duidelijk kan maken dat het zo niet langer gaat. Hij zal op school beter zijn best moeten doen en we moeten thuis beter afspraken kunnen maken. We zouden willen dat het weer goed komt maar we zijn langzamerhand behoorlijk wanhopig.'
Hans laat zich op een duidelijke manier horen, en brengt het volgende in. 'Het valt allemaal wel mee. Mijn ouders overdrijven. Ze zeuren voortdurend aan mijn hoofd. Ze moeten me niet zo als een klein kind behandelen en me overal de schuld van geven. Oké, school gaat niet zo goed. Maar het is saai en ik vergeet gewoon steeds van alles, heus niet expres! De klassen zijn druk, we hebben stomme leraren. Volgens mij hebben ze de pik op me, omdat ik er van alles uitflap. Dat is meestal niet zo slim, nee.

Maar verder, ik hou nu eenmaal van spannende dingen. Er is niks verkeerd met mijn vrienden. We skaten veel, het is gewoon kicken. En van weed word ik lekker rustig. Hoe het op school beter kan, weet ik niet, en dat boeit me niet.'

Van school hebben ze een verslag van de mentor meegenomen. Hierin staat: 'Deze leerling is erg aanwezig. Hij kletst veel onder de lessen, heeft vaak zijn spullen niet bij zich. Hij gooit er te vaak met de pet naar en kan erg brutaal zijn. Het is een beetje een eenling. Hij heeft wel contacten met leeftijdgenoten, maar die zijn vluchtig. Sommige leraren denken dat hij ergens mee zit, maar hij laat niets los. Als hij zo doorgaat, zal hij binnenkort geschorst worden. De schoolprestaties zijn nog net voldoende. We zien op dit moment geen oplossingen en staan open voor suggesties. Eigenlijk gaat het al jaren zo met hem.'

De hulpverlener komt na een intakefase tot de volgende afwegingen.

De (ontwikkelings)anamnese en het klinisch oordeel geven sterke aanwijzingen voor een aandachtstekortstoornis met hyperactiviteit (ADHD) en een bedreigde persoonlijkheidsontwikkeling (onder meer: negatief zelfbeeld en negatieve verwachtingen van anderen, weinig reflectief vermogen, sterk driftmatig handelen, enigszins lacunair geweten).

Psychodiagnostiek laat een bovengemiddelde intelligentie zien, met een disharmonisch profiel. De organisatie en planning, de concentratie, de regulatie van stuwkracht en motivatie, het vermogen om eigen gedrag te analyseren en tot nieuw gedrag te integreren en de impulscontrole zijn zwak ontwikkeld. Er zijn aanwijzingen voor een gedrukte stemming.

De gezinstaxatie laat naast voldoende affectieve steun en hiërarchie het volgende interactiepatroon zien, waarbij de betrokken ouders, uit groeiende bezorgdheid, steeds meer controleren maar toenemend onmacht ervaren. De zoon vertoont gedrag dat steeds meer zorg oproept, terwijl hij zich tegelijkertijd steeds meer betutteld voelt en zich toenemend afzet en zich de schuld voelt van alles. Hoe meer de ouders controleren en sturen, hoe meer Hans zich in zijn zelfstandigheidsstreven gefrustreerd voelt, met ruzies en het gevoel elkaar niet meer te bereiken tot gevolg.

Gedrag	maakt vaak ruzie, is druk, luistert niet, kletst veel op school
L	goed ontwikkeld voor zijn leeftijd, sterk, bewegingsonrust, impulsiviteit, concentratiezwakte, gebruikt weed
R	doet stoer, brutaal, 'laat zich niet kennen', legt gemakkelijk contact op humoristische en soms uitdagende manier
E	overwegend goed gestemd, toch ook aanwijzingen voor zich ongelukkig voelen, van een gedrukte stemming, niet vlug bang, wel heftig en kortstondig boos
G	negatief zelfbeeld, weinig reflectieve vermogens, moeite met planning en organiseren, wel goede intellectuele capaciteiten (redelijk zicht op wat in de wereld en bij andere mensen gebeurt)
Omgeving	
– Gezin	– goed affectief verbonden, ouders wanhopig, reageren met toenemende controle en sturing
– School/werk	– mogelijk volgt schorsing vanwege gedragsproblemen, het leren zelf lukt wel
– Vrije tijd/sociale contacten	– nauwelijks (blijvende) aansluiting bij leeftijdgenoten volgens ouders, zelf wel positief over vrienden, geen lid van club of vereniging
Regelmogelijkheden	Hans heeft redelijk zicht op zijn eigen gedrag, maar overziet niet de gevolgen, waardoor hij steeds in problemen en conflicten raakt. Meer controle en sturing vanuit de omgeving werken averechts. Er is voldoende affectieve verbondenheid die mogelijkheden voor aangepaste gedragsregulatie biedt.

In de praktijk wordt deze informatie ingevuld in het werkblad (zie figuur 3)

In het gezamenlijke adviesgesprek (aan de hand van het Dialoogmodel) is iedereen het ermee eens dat er regulerings- en samenwerkingsproblemen (regelproblemen) zijn. Met behulp van de informatie van alle bronnen en het aanvullende onderzoek wordt de diagnose ADHD verduidelijkt. Bij iemand met ADHD is het vermogen om acties (door interne of externe prikkels uitgelokt) te onderdrukken, tegen te houden, te vertragen, uit te stellen of om te buigen, verzwakt.
Kortom: de regelmogelijkheden schieten tekort, wat al vanaf jonge leeftijd in het drukke, impulsieve gedrag tot uitdrukking gekomen is. De ontwikkeling van de regelmogelijkheden van deze jongen is niet goed verlopen vanuit aanlegproblemen (ADHD, gedeeltelijk genetisch bepaald in het zogenoemde 'L-blokje'). De gevolgen voor de cognitieve ontwikkeling zijn in het psychodiagnostisch onderzoek terug te vinden en worden in het gedachtedomein ('G-blokje') geplaatst. De eigen regelmogelijk-

heden zijn hierdoor van begin af aan verminderd geweest. Dit vroeg om meer externe steun en sturing, maar het vermogen om de invloed van de ouders thuis en leraren op school (Omgeving) te benutten, was juist geringer. Daarbij reageerden de ouders vooral op het gedrag in correctieve zin, en hadden ze minder oog voor de onderliggende kwetsbaarheden van Hans, en voor diens emotionele ontwikkeling. Dit heeft een patroon van voortdurend ineffectieve en daardoor negatieve interactie (de circulaire interactie via de pijlen) gegeven. De hierbij ontstane oppositionele problematiek en de moeizame socialisatie kunnen via het relationeel domein (het 'R-blokje') worden aangegeven. De gedrukte stemming en het lage zelfgevoel vinden hun plaats in het emotioneel domein (het 'E-blokje'). Zo zijn er in alle domeinen van het 'regelsysteem' bepaalde problemen ontstaan, die evenwichtige samenwerking intern (de onderlinge lijntjes en 'e') en extern (tussen Hans en zijn omgeving) moeilijk maken. Hoewel er op punten verschil van mening blijft, komen de verschillende opvattingen in dit perspectief grotendeels op aanvaardbare, meer neutrale wijze samen voor betrokkenen. Er ontstaat ruimte om het plaatje met positieve aspecten (sportiviteit, gevoel voor humor, duidelijke eigen mening) te completeren. Vervolgens wordt samen gezocht naar aangrijpingspunten om tot betere zelfregulering en -waardering te komen. Hierbij wordt tevens stilgestaan bij hoe ouders (en school) hun zorg en steun op een andere manier tot uitdrukking kunnen brengen, zodat Hans zich niet zo gecontroleerd en betutteld voelt. Er kan over onderhandeld worden in hoeverre de hulpverleners Hans en zijn ouders de helpende hand kunnen/mogen bieden. Zo kan worden afgesproken wie op welke manier gaat 'regelen'.

In het volgende voorbeeld is te zien hoe de ordening via het Dialoogmodel het gesprek met hulpvragers kan ondersteunen als er problemen zijn op verschillend gebied zonder een duidelijk toestandsbeeld.

Teruggetrokken Marc
Enkele jaren geleden werd door een schoolarts de 13-jarige Marc aangemeld, die in de brugklas van het Atheneum niet goed meekwam, zich buiten de groep plaatste, en vaak met allerlei vage lichamelijke klachten van school wegbleef. Hij kwam in de klas

steeds moeilijker mee. Globaal onderzoek bij de GGD leverde
geen echte bijzonderheden op: Marc had de basisschool goed
doorlopen, hij was een van de slimste leerlingen van de klas en
was met meer intellectuele interesses dan behoefte aan ravotten
met andere kinderen wel enigszins een buitenbeentje. De ouders
kwamen als consciëntieuze mensen over, hadden beiden een
academische opleiding. Zij zagen hun kind als hoogbegaafd en
stimuleerden hem met extra schooltaken. Op de lichamelijke
klachten (hoofd- en buikpijn) en het schoolverzuim reageerden
de ouders zeer bezorgd. Ze verklaarden de klachten met de opvatting dat de nieuwe school onvoldoende in staat was om goed
in te spelen op de specifieke hoge capaciteiten van hun zoon.
De schoolarts kon geen lichamelijke aandoeningen vaststellen.
De nogal afhoudende en moeilijk te peilen contactname van
Marc verontrustte de schoolarts zodanig dat het na overleg met
Marc en zijn ouders tot een verwijzing voor nader, psychiatrisch
onderzoek.
Uit multidisciplinair poliklinisch onderzoek kwam kort samengevat naar voren: geen psychiatrisch toestandsbeeld, wel enkele
mogelijke maar niet overtuigende aanwijzingen voor een contactstoornis (gelet op de kwaliteit van de contactname, specifieke interessevelden en taalgebruik); hoogbegaafdheid niet aantoonbaar via een intelligentietest. Weinig zelfvertrouwen (vaak
wat teruggetrokken, angstig, onzeker), beperkte oplossingsvaardigheden (overvraagd voelen, vermijden), ook bij het sporten (hockey) duidelijk merkbaar, ondanks voldoende techniek
en souplesse. Gezinskenmerken zijn: nadruk op intellectueel
presteren met een hoog streefniveau, daarnaast voldoende pedagogische capaciteiten in de zin van helderheid, duidelijkheid en
consequentheid. Ouders affectief goed betrokken op hun zoon
en (jongere) dochter, over wie verder geen bijzonderheden in de
ontwikkeling.
In het adviesgesprek met Marc en zijn ouders werden deze bevindingen voorgelegd zonder dat we duidelijke diagnostische
uitspraken konden doen (in termen van een psychiatrische aandoening). Onze vraagtekens bij de veronderstelde hoogbegaafdheid (er was nooit eerder intelligentieonderzoek geweest) werden door de ouders meteen van de hand gewezen. Een mogelijke
samenhang tussen het functioneren van Marc en het gezinsfunctioneren bleek niet bespreekbaar. Vooraf hadden we als
mogelijke invalshoek van behandeling gekozen voor het aanbie-

den van psychomotorische therapie voor Marc (niet praten maar doen, met als doelstellingen: zelfvertrouwen opbouwen, oplossingsrepertoire uitbreiden, interpersoonlijke vaardigheden verbeteren) met daarnaast ouderbegeleiding, gericht op stimulering van de emotionele en relationele ontwikkeling van Marc, het anders hanteren van studeren en schoolverzuim (eventueel in een gezamenlijk gesprek met school) en het gevoeliger maken van de ouders voor de rol en betekenis van hun eigen handelen.

Marcs vader reageerde op dit voorstel niet op inhoudelijk, maar meer op metaniveau. Hij vroeg zich af hoe wij een voorstel tot behandeling konden doen als wij geen diagnose konden stellen, geen helder beeld, geen heldere visie hadden op de problematiek. Onze gedachtegang – wij willen behandelen gericht op specifieke doelen, en niet een bepaalde aandoening, vervat in een diagnose, genezen – was voor hem moeilijk te volgen.

Als degene die het adviesgesprek voerde, stond ik voor een dilemma: zou ik duidelijk maken dat wij wél een duidelijke visie hadden, met het risico dat de ouders (Marc kwam er niet toe zijn reactie te geven, moeder ondersteunde vader) deze meteen opzij zouden schuiven en verdere hulp onbespreekbaar werd? Ik vreesde een bij voorbaat verloren strijd, en een blijvend klem zitten van Marc. Of zou ik ons idee voorlopig niet expliciteren en proberen in gesprek te komen en te blijven, ook met Marc, op een respectvolle, en daarmee mogelijk vruchtbare manier?

Als therapeut koos ik ervoor ons standpunt verder toe te lichten. Hoewel we het Dialoogmodel nog weinig poliklinisch gebruikten en het nog in ontwikkeling was, greep ik er toch naar. Door op een flap-over uitgetekend te zien waar wij de sterke en zwakke kanten van Marc zagen binnen het relationeel, emotioneel, gedachte- en lichamelijk domein, waar hij in zijn omgeving in moeilijkheden kwam, hoe zijn regelmechanismen niet goed werkten, waar de ouders vastliepen in het ondersteunen en meeregelen, en welke positie school hierbij innam, bleek Marcs vader van houding te veranderen. Hij vond dit een helder verhaal, anders dan mijn eerdere uitleg (terwijl ik inhoudelijk geen andere zaken benoemde). Ook zijn moeder en Marc zelf, zij het zeer beperkt, lieten zich instemmend uit. De visuele presentatie met een logische samenhang overtuigde vader van onze zorgvuldigheid en deskundigheid, daar waar hij de louter verbale uiteenzetting (met dezelfde inhoud) als amateuristisch had afgewezen. Mijn pleidooi om als aangrijpingspunt van behandeling juist dát domein (het lichamelijke) te kiezen waar Marc sterk in was, aanvaardde hij met het argument dat de meeste kans op verandering en succes te behalen is bij het aansluiten op reeds aanwezige krachten.

Gedrag	*vaker schoolverzuim en niet goed meekomen op school, regelmatig hoofd- en buikpijnklachten, vermijding van moeilijke situaties*
L	*sportieve jongen, lichamelijke ontwikkeling conform leeftijd, geen lichamelijke aandoeningen vastgesteld*
R	*afhoudend, moeilijk te peilen, gesloten, vriendelijk, aangepast*
E	*angstig onzeker, overvraagd voelen, weinig zichtbare boosheid*
G	*goede cognitieve capaciteiten (geen hoogbegaafdheid in onze test), vermijdende gedachten*
Omgeving	
– Gezin	*ouders zijn helder, duidelijk en consequent, willen het beste voor hun kinderen, hebben zelf hoge posities en hopen en verwachten dat ook van hun kinderen; zij zoeken naar een juiste afstemming*
– School/werk	*een gemiddelde leerling, beperkte aansluiting bij leeftijdgenoten*
– Vrije tijd/sociale contacten	*geen echte vrienden, waardering in de hockeyvereniging wegens zijn technisch kunnen*
Regelmogelijkheden	*op het moment schieten de eigen regelmogelijkheden van Marc en die van zijn ouders te kort, hoewel er voldoende potenties zijn; de gezinsleden lijken gevangen in een bepaalde gezinsinteractie rond de thema's hoogbegaafdheid, presteren en niet kwetsbaar mogen zijn*

Het adviesgesprek werd afgesloten in een positieve sfeer. De ouders gingen thuis met Marc bespreken of zij gebruik zouden maken van ons voorstel. Na een week belde de vader op met de mededeling dat ze afzagen van ons behandelvoorstel omdat ze het een te grote investering vonden. Hij bedankte mij voor de heldere uiteenzetting, en hoopte er zijn voordeel mee te doen. Met onze verslaglegging konden ze akkoord gaan, en deze werd naar de verwijzer gestuurd (met afschrift aan het gezin). Hoe het hen verder vergaan is, weten we niet.

Overwegingen

Uit deze en nog volgende voorbeelden in dit boek blijkt dat het model flexibel gebruikt kan worden. Ter verduidelijking: het model is géén diagnostisch of categoriserend instrument met vaststaande criteria over wat in welk 'hokje' thuishoort. We bedoelen dit. Hyperventilatieverschijnselen kunnen zowel bij Gedrag geplaatst worden als in het lichamelijk domein. Van belang is welke *betekenis* deze klachten voor de hulpvrager hebben. Als deze klachten voor de persoon volledig de hulpvraag bepalen, zonder besef van andere mogelijk gerelateerde problematiek, dan kunnen deze klachten als Gedrag geformuleerd worden. Bij het inventariseren kan dan vastgesteld worden dat het emotioneel, het gedachte- en het relationeel domein meerdere bijzonderheden kennen, maar dat via uitgebreid eerder lichamelijk onderzoek is vastgesteld dat hij kerngezond is. Wij definiëren dat (zoals in het voorbeeld van Marc) dan ook als volgt: het lichamelijk domein is een gezond en positief aspect van hem, dat geeft mogelijkheden. Het gebruik van het Dialoogmodel biedt meteen een uitdaging tot een fundamentele cognitieve herstructurering: niet het lichaam is ziek, maar er is sprake van ontregeld gedrag.

Staat daarentegen bij een aangemelde puber angst met schoolverzuim als klacht centraal, dan zou de eveneens gemelde hyperventilatie wel bij het lichamelijk domein ingedeeld kunnen worden, om aan te geven dat de ontwikkelingsproblemen zelfs op het lichamelijk vlak tot uitdrukking komen, naast de emotionele verstoring en vermijdende cognities en interpersoonlijke stijl. Snelle en intensieve hulpverlening is dan gewenst om verdere stagnatie te voorkomen. Immers: de psychische problemen geven zelfs al lichamelijke klachten! Uit motiveringsoverwegingen wordt het lichaam in dit geval eerder als 'ongezond' aangeduid, in tegenstelling tot het eerdere voorbeeld, waarin het hebben van een 'gezond' lichaam op een heel andere manier geduid en ingezet kan worden.

We hopen duidelijk te hebben gemaakt dat het model niet iets is wat de hulpvrager moet 'snappen' om verdere hulp te kunnen krijgen, maar dat het gebruikt kan worden als middel om uit te drukken hoe de hulpverlener de hulpvrager begrepen heeft. De hulpverlener doet dit door de aangeleverde gegevens met het model te rubriceren én te visualiseren. Het geeft hem de mogelijkheid om de eigen onderzoeksbevindingen zo goed mogelijk te integreren en op een toegankelijke manier te presenteren en vervolgens hierover met de hulpvrager in dialoog te gaan. Zo mogelijk doet hij dit in de termen die de hulpvragers zelf aandragen, zonder onnodige vaktermen.

Ter illustratie nog een paar voorbeelden.

Een onderzoeker van de Raad voor de Kinderbescherming kan met behulp van het model helder aan het gezin laten zien welke factoren bij het kind en in zijn omgeving bijdragen aan het mislukken of overvraagd zijn van het 'regelsysteem'. Uitgelegd kan worden dat een 'ondertoezichtstelling (OTS)' en/of uithuisplaatsing noodzakelijk zijn om beter te kunnen meeregelen.

Een psychiater kan aan de hand van het model aan de ouders van een psychotische jongere uitleggen dat het nodig is hem niet te veel emotionele prikkels te geven omdat zijn 'regelsysteem' die op dit moment niet aankan: hij heeft behoefte aan rust, stabiliteit en geborgenheid. Van medicijnen die in deze situatie nodig zijn kan aangegeven worden waar ze voor bedoeld zijn: om via de lichamelijke invalshoek (L-domein) alle zenuwbanen (de lijntjes) weer beter te laten functioneren, zodat prikkels van buiten en van binnen (werkelijkheid en fantasie) weer meer gescheiden worden. Zo zal de achterdochtige houding (R-domein) verminderen, het angstniveau (E-domein) dalen, en/of het denkproces (G-domein) minder chaotisch of verward verlopen.

Sinds wij in onze dagelijkse praktijk niet alleen mondelinge toelichting en uitleg geven, maar die met behulp van het model kunnen uittekenen en ondersteunen, blijkt veel meer samenhang in de informatie begrepen en vastgehouden te worden door onze gesprekspartners. Dit komt ongetwijfeld ook doordat we ons verhaal met meer samenhang kunnen aanbieden.

Het Dialoogmodel als hulpmiddel bij inventarisatie

Inleiding

Verwijzingen naar een instelling binnen de jeugdzorg zijn soms kort en krachtig, soms vaag en onduidelijk, en soms zeer uitgebreid met allerlei verslagen en bevindingen van eerdere onderzoeken. Is dit laatste het geval dan staat de hulpverlener voor de taak alle voorinformatie te ordenen en inzichtelijk te maken als voorbereiding op een eerste gesprek. Vaak merkt hij dat er veel verslagen door eerdere hulpverleners gemaakt zijn zonder dat er duidelijke lijnen in te ontdekken zijn. Soms zijn er uitgebreide observatieverslagen, maar ontbreken heldere conclusies en beleidslijnen. Soms zijn conclusies vermeld zonder dat helder wordt waar deze op gebaseerd zijn. Het komt ook geregeld voor dat verschillende instanties verschillend naar de jongere en zijn gezin hebben gekeken, en beschrijvingen geven die elkaar lijken tegen te spreken. Daarbij is vaak het meest frustrerende: eerdere inspanningen hebben onvoldoende kunnen helpen om een nieuwe verwijzing te voorkomen. Om in onze termen te spreken: de jongere en zijn omgeving zijn nog steeds of opnieuw 'ontregeld'.
Het gevaar bestaat dat deze voorinformatie als verwarrend en irrelevant opzij wordt gelegd, en dat de nieuwe hulpverlener zich als taak stelt nu eens werkelijk goed te kijken en afdoende hulp te bieden.
Wij pleiten ervoor alle voorinformatie serieus te nemen. Na ordening is meestal goed af te lezen hoe differentiatie- en integratieprocessen verlopen zijn, wáár ontregelingen hebben plaatsgevonden, en welke pogingen om mee te regelen wel en niet iets hebben opgeleverd.
Een gedegen analyse helpt de hulpverlener om zicht te krijgen op de reguleringsmechanismen tot dat moment, en/of helpt daar hypothesen over te formuleren. Het geeft hem informatie in handen waarmee hij het gesprek met de hulpvragers aan kan gaan.

In het volgende voorbeeld wordt getoond hoe aan de hand van een eenvoudig formulier (zie bijlage 2) de vooraf verzamelde informatie goed te ordenen en analyseren is. Ook als er voor langere tijd hulp geboden wordt, kan er op gezette tijden behoefte zijn aan inzicht in een beknopt sterkte-zwakteprofiel van het hulpvragende systeem (en van de hulpverlening tot dat moment). Zo'n inventarisatie geeft dan snel een compact overzicht.

Intolerante Paul

Paul is 18 jaar oud als hij verwezen wordt door de jeugdreclassering met de vraag of er sprake is van psychiatrische problematiek en het verzoek om mee te denken over een vervolgtraject. Eerdere bestraffing, begeleiding en behandeling hebben weinig verbetering gebracht. Paul zelf wil hulp bij het leren hanteren van agressie. Hij heeft de afgelopen jaren meerdere keren, zonder directe aanleiding of vooropgezet plan, buitenlanders op straat mishandeld, in zijn eentje, niet in groepsverband. Een bepaalde blik, houding of bepaald gedrag kan hem woedend maken, waarop hij op de ander afstapt, een klap uitdeelt en doorloopt, de ander overrompeld en verbaasd achterlatend, waardoor hij maar een enkele keer teruggeslagen is. Verder heeft hij eenmaal een auto van een buitenlander fors beschadigd door onderdelen af te breken en deuken in de carrosserie te schoppen.

Tot nu toe heeft hij van de rechter taakstraffen, deelname aan een socialevaardigheidstraining en geldboetes opgelegd gekregen, en heeft hij via Bureau Jeugdzorg een Project Ervarend Leren (zes maanden werken op een boerderij) in het buitenland (!) gevolgd.

Bij aanmelding zijn zeven verslagen aanwezig, die als volgt zijn samengevat.

Dossieranalyse

Gelezen door:

Datum:

Tijdsinvestering: 45 min

Naam cliënt: Paul

Geboortedatum: (leeftijd 18 jaar)

Cliëntnummer:

Juridische status: vrijwillig

Gezinssamenstelling: hij woont met zijn jongere zus (17 jaar) bij vader nadat moeder twee jaar eerder het gezin zeer plotseling verlaten heeft, sindsdien geen contact meer met moeder

Verwijzer: jeugdreclassering

Reden van verwijzing: tweemaal openlijke geweldpleging

Vraagstelling van verwijzer: diagnostiek en behandelvoorstel

Hulpvraag aangemelde persoon: hulp om minder agressief te zijn en zorgen dat hij een goed baantje krijgt, waar hij zich thuis kan voelen

Ontvangen rapportage

Soort	organisatie	datum	auteur
aanmeldingsbrief (1)	jeugdreclassering		NN
indicatiebesluit (2)	bureau jeugdzorg		NN
multidisciplinair overleg (3)	bureau jeugdzorg		NN
strafzitting (4)	jeugdreclassering		NN
eindverslag project ervarend leren (5)	jeugdhulpverlening		NN
intake project ervarend leren (6)	jeugdhulpverlening		NN
schoolverslag (7)	school		NN

Probleemschets   Agressiedisregulatie
Sinds drie jaar stokkende scholing. Veel schoolverzuim.
Mogelijke trauma's: zelf in verleden slachtoffer van mishandeling door buitenlanders, onverwacht vertrek van moeder uit het gezin twee jaar geleden. (1)

Gedrag	– Agressief gedrag tegen personen buiten het gezin, tegen buitenlanders zonder directe aanleiding, in wisselende frequentie (is wekelijks geweest). (1) (2) (3)
– Grote mond opzetten. (4)
– Wel hoge prestatiedrang met goede voornemens, maar daadkracht en uitvoering ontbreken. (4)
– Tijdens verblijf op de boerderij (Project Ervarend Leren) hebben zich geen moeilijkheden van betekenis voorgedaan, hij ging ontspannen om met de regels en gewoonten van het huis. In het begin wilde hij wel zijn best doen, maar wist niet waar te beginnen. Met duidelijke opdrachten en begeleiding heeft hij na langere tijd geleerd flink door te zetten, meer initiatief te nemen, en enthousiast klussen aan te pakken. (5)
– Snel verveeld, vindt het moeilijk zich aan regels te houden, veel schoolverzuim, het lukt hem niet zich te houden aan afspraken, het aanbrengen van structuur, het opbrengen van motivatie. Hij neigt naar onderpresteren en vluchtgedrag. (7)
Lichamelijk domein	– Lichamelijke onrust, impulsief, slapen en eten soms wat verstoord. Hij gebruikt alcohol en softdrugs in het weekend. Dit zou met mate zijn. (1)
– Impulsief. (1) (2) (3) (7)
– In het begin lichamelijk slecht: maagklachten, misselijkheid, hoofdpijn, slecht slapen. Al snel at hij goed en sliep hij goed, en werd hij door het werk fysiek sterker. (5)
Relationeel domein	– Stelt zich afgesloten op, het is moeilijk tot hem door te dringen. (1)
– Komt over als een sympathieke jongen, maar kan weinig hebben en is snel geïrriteerd, komt dan ook nors over. Ongeïnteresseerde houding. (4)
– Op de boerderij in het begin stil; ontwikkelde wel een goede band met de boerenfamilie. Hij bleef verlegen, had niet altijd veel te vertellen, maar wel eerlijk en op een sociaal voelende manier. Informatie vragen, gewoon eens babbelen over verschillende zaken was niet zijn gewoonte. Ondanks teruggetrokken houding burgerde hij in, en hij hechtte zich erg aan het gezin. (5)
– Contact verloopt op prettige manier, maar hij kan zich moeilijk uiten. (6)
– Een jongen die wel hulp zou willen, maar die door een zeer lage impulscontrole en agressie bij falen zijn eigen ruiten ingooit. (7)
Emotioneel domein	– Veel woede in zich. Oogt soms somber. (1)
– Latent aanwezige depressie, onverwerkt verdriet. (2) (3)
– Soms de neiging om voor een auto te lopen, geen plezier. (4)
– Hij begon zich (op de boerderij) op zijn gemak te voelen, lachte meer, toonde enthousiasme rond werk, toonde zich vrolijker. (5)
– Schuldgevoel rond crimineel gedrag en knokpartijen. (5) (7)
– Negatieve faalangst. (6) (7)
Gedachtedomein	– Er spookt veel door zijn hoofd. Negatieve en agressieve gedachten over buitenlanders. Neiging tot zwart-witdenken. (1)
– Negatief zelfbeeld. (1) (7)
– Ervaart crimineel gedrag en knokpartijen als eigen keuze, niet als louter meeloopgedrag. (5) (7)
– Gemiddelde capaciteiten, met uitzondering van de woordenschat: die is laag, wat tekst- en theoriebegrip moeilijk maakt. (7)
– Concentratie moeilijk. (4) (7)
Omgeving – Gezin	– (pedagogisch klimaat): geen contact meer met biologische moeder die plotseling vertrokken is. Dit is voor vader en beide kinderen nog steeds erg moeilijk. Onderling contact is redelijk binnen huidig gezin. Vader noch zoon zijn praters. Er is voldoende zorg, maar de indruk is dat de zoon thuis vooral als pension ziet. (1) (2) (3)
– Zowel vader als zoon kunnen zich moeilijk uiten, waardoor communicatie zeer stroef of problematisch verloopt. Met zijn zusje kan hij het helemaal niet vinden. (6)

– School/werk	– van vmbo naar ivbo, beide mislukt door grote mond en beperkte leermotivatie en schoolverzuim. Daarna diverse baantjes via uitzendbureaus; redelijk verlopen. Bij sommige kwam hij de eerste keer niet opdagen. (1) (2) (3) (7)
– Vrije tijd/sociale contacten	weinig bekend. (1) Brengt veel tijd door bij vrienden op straat (hangplekken), er is geen goed zicht op zijn doen en laten. Hij is bij een voetbal- en een handbalclub geweest, maar na verschillende conflicten vertrokken. (4)
Regelmogelijkheden	lijken gering. Weinig reflectie op zichzelf. Beperkte vaardigheden in het omzetten van ervaringen in woorden; impulsief. Invloed van vader lijkt niet groot.
Globale beschouwing/hypothesen	Er is een gemis aan innerlijke sturing. Hij lijkt sterk afhankelijk van aangeboden (en vastgehouden) structuur, kan deze zelf niet aanbrengen, heeft last van impulsiviteit en beperkte concentratie. Weinig zelfvertrouwen, negatief zelfbeeld, beperkte sociale vaardigheden en neiging tot zwart-witdenken. De indruk is dat deze ontwikkelingsverstoring een lange geschiedenis heeft. Er is anamnestisch echter niets bekend. Onduidelijk is hoe met zijn eigen mishandeling door buitenlanders in het verleden is omgegaan. Duidelijk is dat het plotse vertrek van moeder uit het gezin een grote impact heeft, de huidige gezinsleden lijken langs elkaar heen te leven. Gegevens over de wijze van opvoeden voordien ontbreken. Steunpunten lijkt hij nauwelijks te kennen/hebben. In een gestructureerde en toegewijde omgeving komen zijn positieve kanten tot zijn recht: inzet, toewijding, enthousiasme. Diagnostisch is te overwegen: specifieke leerproblematiek en/of ADHD met als complicerende factor ernstige gezinsproblemen. De dynamiek van de agressieve ontladingen is in eerdere verslaglegging niet beschreven.

De analyse is de basis voor hoe wij naar de regelmogelijkheden van Paul kijken, welke mogelijke rol zijn gezinssituatie hierbij speelt, en onder welke omstandigheden hij meer floreert. In ieder geval zijn er aanwijzingen voor specifieke persoonsgebonden factoren bij hemzelf, en van ingrijpende gebeurtenissen in de gezinssituatie. Tevens is iets bekend van omgevingsfactoren (gestructureerd, zoals op de boerderij) die een positieve invloed kunnen hebben. Het intakegesprek met hem en zijn vader kan deze thema's tot onderwerp hebben, zonder dat uitgebreid gesproken hoeft te worden over de aanleiding van het gesprek: de agressiedoorbraken. Deze zullen zeker benoemd worden met de stellingname dat hij daar volledige verantwoordelijkheid voor draagt en dat er alles aan gedaan moet worden om ze in de toekomst te voorkomen. Dit sluit ook aan bij de hulpvragen.

In bovenstaand voorbeeld is een formulier gebruikt om de voorgaande schriftelijke informatie te inventariseren en te ordenen. Het Dialoogmodel kan eveneens als ordenings-/inventarisatiemiddel dienst doen om zicht en greep te krijgen op de actuele gebeurtenissen. Als er slechts summiere gegevens bekend zijn, dan kan ook het Werkblad uit hoofdstuk 2 gebruikt worden.

Een psychiatrische crisisdienst wordt met de volgende situatie geconfronteerd.

Klemzittende Clara

Een sociaalpsychiatrisch verpleegkundige (SPV) brengt in het overleg een probleem in. Het gaat om de taxatie van een crisis. Ze heeft net met de 20-jarige Clara gesproken. Die zit behoorlijk klem. De afgelopen drie weken is de crisisdienst er een paar keer bij betrokken geweest. De eerste keer was er een ruzie tussen haar en haar vriend. De informatie die er is over deze relatie, is niet zo gunstig. Clara zou erg afhankelijk zijn van hem, hij zou haar regelmatig slaan en wilde haar dumpen. Zij heeft zichzelf in haar buik gestoken met een mes, toen hij het uitmaakte. Ze vertelt dat ze het mes zag liggen op dat moment en dat ze niet anders kon dan steken. Wat ze dacht of voelde, weet ze niet meer. De wond viel gelukkig mee. In het ziekenhuis is ze nog gezien door een psychiater. Die heeft haar naar de RIAGG verwezen. Afgelopen weekend was er een conflict thuis bij haar ouders. Clara wilde weer terug naar haar vriend, maar haar ouders vonden dat niet goed. Het kwam tot slaande ruzie en via de politie is wederom de crisisdienst betrokken geraakt. De zaak werd gesust en zij is tijdelijk ingetrokken bij kennissen, maar vandaag moet ze daar weg. Haar ouders kunnen haar thuis ook niet meer aan, en Clara wil ook niet meer bij hen opgevangen worden. Zij hebben in gesprek met een andere hulpverlener de hoop uitgesproken dat er ingegrepen wordt, ze zijn bang dat het binnenkort fout gaat.
Clara kan onderdak krijgen in het huis van haar ex-vriend, hij zou er dan toch nauwelijks zijn. Zij wil verder met hem, maar hij zou aan een nieuwe relatie begonnen zijn. Ze is daar behoorlijk overstuur van. De SPV heeft haar aangeraden op neutraal terrein wat steun te zoeken. Ze heeft crisisopvang kunnen regelen, maar Clara wil bij bekenden zijn. De SPV verwacht dat het snel weer zal escaleren en vraagt zich dan ook af of niet ingegrepen moet worden. Ze vindt het lastig om te bepalen in hoeverre Clara nog eigen verantwoordelijkheid kan dragen voor haar gedrag. We nemen het Dialoogmodel erbij om de beperkte voorinformatie die zij heeft te ordenen. Vanuit die ordening zullen we proberen te wegen wie voor wat verantwoordelijkheid kan/moet dragen.

Samen gaan we na: wat kan Clara nog regelen, eventueel met haar eigen omgeving, wat niet en waar zouden wij kunnen of moeten meeregelen. We kijken allereerst naar haar regelsysteem en vullen al pratende het schema in.

Hoewel er veel gegevens ontbreken, wordt er borderlinedynamiek verondersteld. Relationeel lijkt er weinig stabiliteit en afgrenzing. De SPV ervaart dat het 'op eieren lopen is' in het contact (R-domein). Er zijn veel heftige, warrige emoties (E-domein) en zwart-witdenken (G-domein). Op lichamelijk terrein lijkt niet direct veel te spelen, drugs- en alcoholgebruik worden ontkend. Aanwijzingen voor depressiviteit of psychotische momenten zijn er niet. Wel kan er sprake zijn geweest van een soort bewustzijnsvernauwing toen ze zichzelf verwondde. Het impulsieve en potentieel gevaarlijke gedrag lijkt dus vooral voort te komen uit relationele en emotionele 'zwakte'. Deze kwetsbaarheid lijkt te weinig cognitief gecompenseerd te kunnen worden vanuit een beperkte integratie. Clara lijkt erg geschrokken door haar zelfverwonding, vooral door de reacties in het ziekenhuis. Met andere woorden, de reacties uit de omgeving hebben een beter regulerend effect dan reflectie op cognitief vlak. Omgevingsaanpassing heeft wel even wat rust geboden. Bij de kennissen is het namelijk wel goed gegaan. Dat is relatief gunstig.

Gedrag	*Impulsief, mogelijk gevaarlijk gedrag: zelfverwonding: met mes in eigen buik gestoken tijdens een ruzie met vriend, ook agressief naar anderen*
L	*Oogt gezond, geen aanwijzingen voor middelenmisbruik. Wond valt mee*
R	*Ambivalent over hulp, komt wel actief hulp vragen. Weinig stabiliteit en afgrenzing afgelopen jaren. Kan niet zonder vertrouwde mensen om haar heen*
E	*Wanhopig, warrige emoties met angstige, woedende en verdrietige momenten. Geschrokken van reacties van omgeving, geen aanwijzingen voor een onderliggende depressie*
G	*Zwart-witdenken. Maakt gemiddeld intelligente indruk.*
Omgeving	*Bezorgde reacties na incident. Tijdelijk onderdak gevonden bij kennissen die blijkbaar voor enige rust kunnen zorgen. Er is een crisisplek en crisiscontacten zijn geregeld. Ambivalente relatie tot vriend, die gewelddadig lijkt. Rond deze relatie grote conflicten met ouders met slaande ruzie*
Regelmogelijkheden	*Bij stress snelle ontregeling. Korte bewustzijnsvernauwing/dissociatie tijdens steekincident (?), geen aanwijzingen voor psychotische ontregeling. Weinig zelfreflectie, weinig differentiatie in de verschillende domeinen. Aanbod om mee te regelen wordt vooralsnog niet aangenomen vanuit ambivalentie*

Bij de discussie in het team over de noodzaak om met een BOPZ-maatregel (op grond van de Wet Bijzondere Opnemingen Psychiatrische Ziekenhuizen) in te grijpen, komen we tot de conclusie dat er geen sprake is van een toestandsbeeld, zoals een depressie of een psychose. Er speelt integratieproblematiek, mogelijk in het kader van een verstoorde persoonlijkheidsontwikkeling. Dat kan het, indien de stress verergert, voor cliënte moeilijk maken om haar gedrag en beleving te reguleren, maar zou ruimte moeten laten aan hulp in een vrijwillig kader. Wij willen ter aanvulling van haar beperkte regelmogelijkheden wel helpen mee te regelen. We doen daarvoor een beroep op haar 'gezond verstand' (G-domein) en kunnen helpen haar omgeving minder potentieel 'ontregelend' te maken en relationeel een 'lijntje' houden. We kunnen een neutrale crisisplek organiseren en frequente ondersteuningsgesprekken aanbieden. We willen de verantwoordelijkheid met haar delen. Als zij dit aanbod (deels) van de hand wijst door per se toch naar haar ex-vriend te gaan, is dat gedrag volgens ons geen uiting van een gevaarlijke psychiatrische stoornis. Het lukt dan niet om haar te overtuigen dat ze zichzelf hiermee weer in een omgeving kan brengen die ze niet weet te hanteren. Het kan zijn dat juist de problematische relationele ontwikkeling (R-domein) het accepteren van hulp in de weg staat, maar het kan ook liggen aan eigenwijsheid en koppigheid. We komen tot de conclusie dat er ruimte is om te pogen tot een werkrelatie te komen door beschikbaarheid, dat wil zeggen crisiscontacten aan te bieden. Dit wordt verkozen boven het van haar overnemen van alle regelmogelijkheden door een BOPZ-maatregel te organiseren. De nadelige effecten daarvan zouden ook heftig kunnen zijn. We nemen dan volledig de regie over (wij gaan het meeste regelen, haar regelsysteem zal minder aangesproken worden) en de omgeving van een opnameafdeling kent ook de nodige bijwerkingen! De zorgen die de SPV heeft, worden gedeeld, en risico's zijn niet uit te sluiten. Waar de SPV het in eerste instantie ingewikkeld vond om in te schatten in hoeverre de cliënte nog in staat geacht mag worden verantwoordelijkheid te dragen voor haar eigen gedrag, geeft deze ordening van de eerdere informatie/ervaringen haar nu het gevoel een duidelijk verhaal te hebben en een stellig advies te kunnen geven. De SPV neemt het op zich om dit plaatje met de cliënte te bespreken en ze hoopt tot overeenstemming te komen over verdere stappen, ofwel het zo samen te regelen.

Overwegingen

Met ons model in zijn hoofd kan de hulpverlener zich steeds afvragen: waarom schieten de regelmogelijkheden tekort, is deze verstoorde ontwikkeling een gevolg van persoons- en/of systeemgebonden kenmerken, van schadelijke externe prikkels, of van een combinatie? Hij zal de concrete hulpvraag van het moment serieus nemen, maar mag niet voorbij gaan aan de ontwikkelingsprocessen die zich manifesteren in het wel en wee van het hulpvragende systeem, en evenzeer in het verloop van het hulpverleningsproces. Hij kan zich afvragen: waarom is het meeregelen onvoldoende gelukt? Hebben eerdere hulpverleners zich te zeer beperkt in visie en handelen tot een bepaald domein? Hebben ze zich steeds op verschillende domeinen gericht, zonder voldoende zicht te hebben op mogelijke samenhang en verschillen in differentiatie en integratie? Was de hulp tijdelijk wel, maar nu niet meer toereikend door nieuwe ontwikkelingen? Vált er wel mee te regelen gezien de eigen sterke en zwakke kanten bij het hulpvragende systeem?

Het voorbeeld van Paul laat zien dat wanneer je je verdiept in eerdere gegevens, je daar gebruik van kunt maken om goed in te kunnen voegen. Zodoende kun je vermijden dat de mensen voor de zoveelste keer hun hele verhaal moeten doen. De te bespreken thema's kunnen op deze manier meer betrekking hebben op de intenties van het hulpvragende systeem. Wat is hun doel, welke verwachtingen hebben ze van weer een ander hulpverleningssysteem? Hoe kijken zij terug op alles wat gedaan is tot dat moment? Hoe definiëren zij zichzelf: als onmachtig, als slachtoffer, als betweters? Hebben ze nog hoop op verandering, willen en kunnen zij zich nog inzetten?

Het tweede voorbeeld, van Clara, toont hoe het ordenen van de beschikbare gegevens bij een crisis kan helpen om met meer distantie naar een situatie te kijken. Zo komt in beeld wat op dat moment bekend is, maar ook wat nog ontbreekt. De vraag kan gesteld worden: weten we genoeg om voldoende af te wegen wat redelijkerwijs gevraagd kan worden aan de hulpvrager en diens systeem om zelf te regelen en wat van de hulpverlening in deze situatie gevraagd kan worden.

Ook de vraag of de verschillende partijen de anderen toestaan het samen te regelen is in crisissituaties vaak aan de orde. Het plaatje kan helpen om na te gaan waar de overlapping en waar de verschillen liggen, zodat vervolgens iedereen zijn verantwoordelijkheid kan nemen. Een dergelijke situatie doet zich bijvoorbeeld ook voor als er een BOPZ-opname volgt. Na een aantal dagen komt de rechter beoordelen of die maatregel terecht is afgegeven. Bij die gelegenheid kan met het Dialoogmodel aan alle betrokkenen, de patiënt en diens naasten, de rechter, de advocaat helder worden uitgelegd hoe de psychiatrische stoornis tot gevaarlijke ontregeling heeft geleid of niet en wat daaraan gedaan kan worden. Dit geeft een reëel, neutraal overzicht. Andere, tegengestelde visies kunnen ook in het plaatje worden aangegeven, waarna de rechter de uiteindelijke beslissing neemt. Onze ervaring is dat het gebruik van het Dialoogmodel het verloop van zo'n rechtszitting ten goede komt.

Het Dialoogmodel als hulpmiddel bij kennismaking

4

Inleiding

In het voorgaande hoofdstuk is beschreven op welke manier aangeleverde informatie geïnventariseerd kan worden via het Dialoogmodel als voorbereiding op het eerste gesprek. Nu staan we stil bij hoe het Dialoogmodel een handvat kan zijn tijdens en na het eerste contact tussen hulpvragers en hulpverleners. De hulpverlener staat voor de taak de zorgen en vragen van de hulpvragers zo goed mogelijk in kaart te brengen: hoe ervaren en benoemen zij hun problemen, hoe verklaren ze deze, welke samenhang zien zij? Welke vragen en verwachtingen hebben zij ten aanzien van de hulpverlenende instantie? Deze informatie-uitwisseling verloopt meestal in een open gesprek, volgens een door de hulpverlener min of meer aangehouden stramien. In de nu volgende voorbeelden is dat het Dialoogmodel.
Bij het verhaal van Jan staat tussen haken [..] aangegeven hoe de hulpverlener de informatie ordent, en actief de verschillende onderdelen van het model aan bod laat komen:

Ruziënde Jan

De ouders van Jan melden zich bij Bureau Jeugdzorg (BJZ) omdat ze zich veel zorgen maken over hun veertienjarige zoon. Hij luistert slecht en maakt vaak ruzie met zijn twee jaar jongere broertje. Verder is hij steeds brutaler en zo nu en dan agressief. Er moet iets gebeuren want er is thuis steeds meer spanning. Deze problemen bestaan al een hele tijd en nemen toe. De ouders krijgen onderling ruzie over hoe ze dit probleem moeten aanpakken. [Informatie over het gedrag van de zoon dat vooral relationeel en emotioneel problemen geeft bij alle gezinsleden] Eigenlijk helpt niets meer. Ze willen adviezen hoe ze hiermee om kunnen gaan. Er worden enkele concrete voorvallen besproken. De onderzoeker drukt uit dat hij begrijpt hoe klem ze met elkaar zitten, en vraagt naar mogelijke achtergronden. Vader denkt vooral dat Jan negatief beïnvloed wordt door vrienden. De jeugd mag tegenwoordig veel te veel, zit de hele dag achter de computer of hangt wat rond op straat. Hij vindt dat er opgetreden moet worden, maar omdat hij zelf nogal zwak is vanwege astmaklachten, lukt hem dat te weinig. Vooral zijn vrouw is degene die de opvoeding voor haar rekening neemt, maar zij is eigenlijk te aardig voor de jongens. Inderdaad komt de opvoeding voornamelijk op moeder neer. Zij probeert het thuis gezellig te houden, maar dat lukt nu niet meer. [Omgeving gezin: ouders ervaren er geen vat op te hebben, verschil van mening over aanpak] Zij denkt overigens dat ook het feit dat Jan een jaar geleden op school in elkaar is geslagen en daarna van school veranderd is een rol speelt. Volgens haar is hij nog steeds bang maar erover praten wil hij niet. [Mogelijk speelt angst een rol, ook op school gaat het niet goed] Zij wil graag gesprekken voor haar zoon.

De onderzoeker vat de informatie samen: er zijn gedragsproblemen, mogelijk emotionele en in elk geval opvoedingsproblemen. Ook zijn er verschillende ideeën over de benodigde aanpak. Hij wil graag nog wat meer informatie, want kennelijk gaat het op school ook niet zo best. De ouders vertellen dan dat het qua leren aanvankelijk wel goed ging, maar sinds de schoolverandering niet meer: veel onvoldoendes. [Eerst qua vorderingen goed, nu minder, lijkt geen cognitief probleem] Jan zat tot voor kort op voetbal, waar vader vroeger nog trainer was, maar nu wil hij naar boksen. [Vrijetijdsbesteding nu?] Dat zien zijn ouders niet zitten. Stel dat hij in een driftige bui iemand in elkaar slaat. Over de ontwikkeling van Jan worden weinig bijzonderheden vermeld. Hij was wel altijd een rustige jongen, die eerst de kat uit de boom keek en niet zoveel vriendjes had. Vaders ziekte heeft veel invloed op het gezin gehad. Hij is na wat conflicten met zijn baas uiteindelijk in de WAO terechtgekomen. Eigenlijk is hij daar nog steeds wat verbitterd over. Hij vindt afleiding door veel te gaan vissen. [Rekening houden met mogelijke eigen problematiek van de vader, depressie?] Moeder werkt parttime nog in een winkel, want financieel heeft het gezin het niet breed. [Omgeving gezin: meerdere stressoren] Met de broer van Jan gaat het goed. Deze begint zijn broer wel na te doen. Ze hebben veel ruzie, maar trekken ook wel met elkaar op. De ouders geven aan dat hiermee de belangrijkste punten wel aan bod zijn geweest.

Jan ziet in het verhaal de bevestiging dat iedereen vindt dat hij het altijd gedaan heeft. Hij kan toch niets goed doen, vooral niet voor zijn vader. Die scheldt hem uit voor nietsnut en zo. En zijn moeder vraagt hem altijd als oudste de wijste te zijn. Dat maakt hem kwaad en ja, dan schiet hij wel eens uit zijn slof. [Relatie met ouders emotioneel beladen, wat hopeloos.] Vader reageert meteen en vraagt Jan of hij iets kan noemen wat hij de laatste tijd dan gepresteerd heeft. Hij haalt alleen maar onvoldoendes op school of hangt maar wat rond op straat. Hij zoekt bevestiging bij de onderzoeker voor zijn standpunt. Als deze moeder vraagt hoe zij hiertegen aankijkt, lijkt ze zich even geen raad te weten. Ze weet het niet meer, allebei hebben ze wel wat gelijk. Jan staat het huilen nader dan het lachen, vader lijkt vooral geïrriteerd. [Snel negatieve interactie, vader en zoon tegenover elkaar, moeder hulpeloos ertussenin.] De onderzoeker vraagt Jan of hij weet waarom het op de nieuwe school niet zo goed gaat. Jan vertelt dat hij zich niet zo thuis voelt daar en moeite heeft zich te concentreren. Al heeft hij goed geleerd, bij proefwerken is hij alles weer kwijt. [Emotioneel domein: faalangst? Onveilig voelen?] Vervolgens komt het incident waarbij hij in elkaar geslagen is aan bod. Jan blijkt er soms nog over te dromen en geeft toe dat hij graag op een vechtsport wil om zich in de toekomst te kunnen verdedigen. Als hij al iets wil dan is het dat en dat hij niet overal de schuld van krijgt. Zijn broertje wordt altijd voorgetrokken. Hij is heus niet de enige die wel eens slaat, maar soms wordt hij zo uitgedaagd. Jan hoeft geen hulp, hij wordt toch niet geloofd, dus waarom zou hij nog luisteren. Desgevraagd voegt Jan eraan toe dat hij in zijn vrije tijd liever op straat met zijn vrienden is dan thuis waar de sfeer toch meestal slecht is. Tijdens het gesprek wordt zichtbaar hoe het thuis vaker gaat: over de laatste uitspraken ontstaat bijna een ruzie tussen vader en zoon.

De onderzoeker vraagt door met het Dialoogmodel als uitgangspunt. Over het Gedrag heeft hij nu de nodige informatie. Maar gedrag staat niet op zichzelf. Het heeft te maken met hoe met iemand gaat, maar ook met wat hij meemaakt. Hij vraagt verder naar Emoties: heeft hij goed begrepen dat er naast de nodige boosheid ook onzekerheden bij Jan bestaan, en angsten onder meer ten gevolge van het in elkaar geslagen zijn, waartegen hij zich wil wapenen met boksen? Over het algemeen blijkt Jan zich lang niet altijd prettig te voelen, eerder wat op zijn hoede. Dat komt eveneens tot uitdrukking in zijn Gedachten: hij ziet zich als de mindere en de zondebok, heeft het idee niets goed te doen in de ogen van anderen en verwacht ook niets meer van een ander. Lichamelijk kan hij als een gezonde jongen omschreven worden, hij heeft zich leeftijdsovereenkomstig ontwikkeld, en hij was redelijk goed in voetbal. In Relationeel opzicht valt op dat hij twee schijnbare uitersten kent: of wat teruggetrokken timide, of aanklagend agressief. Bij het bespreken van dit domein gebeurt iets onverwachts: vader beaamt dat hij alleen nog maar het agressieve ziet, en niet het onzekere bij Jan. Hij durft iets te zeggen over herkenning bij zichzelf en de eigen pijn en achtergronden van zijn arbeidsconflict. Hierna is bespreekbaar hoe vader en moeder op het gedrag van Jan reageren in de hoop dat dit verandert, maar ze moeten toegeven dat het eerder erger dan beter wordt. Ze herkennen dat hoe negatiever vader reageert, moeder des te meer (tevergeefs) probeert te sussen, hetgeen enkel meer irritatie geeft onderling. Er ontstaat zo ruimte om over bredere problemen en andere aspecten te spreken dan enkel over het af te keuren gedrag van Jan. Waar in het begin van het gesprek vrij rechtlijnig werd geredeneerd, komt de wederzijdse beïnvloeding zo meer aan bod.

Bovenstaand voorbeeld illustreert het gebruik van het Dialoogmodel als denkkader tijdens het verloop van een gesprek met een jongere samen met zijn ouders.
Bij een intakegesprek op een jeugdpsychiatrische polikliniek is het vaak de gewoonte dat de jongere eerst samen met zijn ouders met twee intakers een gesprek voert om probleemdefiniëring en hulpvragen te verhelderen. Daarna volgen twee aparte gesprekken, een gesprek met de jongere en een met de ouders. Een voorbeeld:

Experimenterende Joyce
Joyce, 15 jaar oud, werd aangemeld vanwege grote zorgen van haar moeder over agressieve en soms suïcidale gedachten, maar vooral ook wegens gedrag waarin ze extreme sensaties opzoekt zoals drugs- en seksuele experimenten. In school zit ze vaak te

dagdromen, mist delen van de les, maar weet de schoolresultaten nog op peil te houden. De voorgeschiedenis laat weinig bijzonderheden zien, ze is als een gezonde meid opgegroeid. Ze werd op de basisschool wel vaak gepest, waarbij haar oudere zus het voor haar opnam. Beide meisjes zijn altijd wat kwetsbaar en faalangstig geweest, evenals hun vader, die weinig sociale aansluiting kent. Met haar zus gaat het nu goed. De vader is een wat teruggetrokken man, die moeite heeft met de wens van Joyce en haar moeder om hulp voor haar te zoeken. Uiteindelijk besluit hij om niet mee te gaan naar het intakegesprek, hij wil zich er in eerste instantie niet bij laten betrekken. (Moeder en Joyce verschijnen voor de intake.)

Hier volgt het verslag van het individuele gesprek met Joyce. Dit werd naderhand als volgt samengevat in termen van het Dialoogmodel met gebruikmaking van het formulier 'Verslag intakegesprek' (zie bijlage 3). De onderzoeker bleef zich in het gesprek bewust van de verschillende domeinen van het Dialoogmodel en zorgde er zo voor dat de verschillende facetten aan bod kwamen.

Verslag intakegesprek

Naam cliënt:	Joyce
Geboortedatum:	(15 jaar)
Intakedatum:	.. .. 20 ..
Naam intakers:	

Observatie/indruk	Joyce is zeer verzorgd en zorgvuldig opvallend opgemaakt. Haar haren hebben een gedeeltelijk blauwe kleur, de pony is in de lijn van de wenkbrauwen geknipt. De make-up en kleding ogen als gothic. Zelf vindt ze dit maar gedeeltelijk zo, het is haar eigen stijl. Ze legt een vriendelijk en open contact en praat overzichtelijk en genuanceerd over eigen gedachten en gevoelens. Dit doet ze op een ogenschijnlijk goed geïntegreerde manier.
Probleemdefiniëring en hulpvraag kind/jongere	Ze heeft vaker agressieve gedachten en wensen en is bang dat zij deze ongewild ('onbewust') tot uitvoer brengt. Vaak gaat haar denken versneld over allerlei onderwerpen, waarbij ze merkt dat ze deze moeilijk kan stoppen, wat ze wel zou willen. Daardoor is ze vaker in eigen gedachten bezig en minder gericht op haar omgeving. Ze heeft hier last van, ze wil niet dat haar agressieve gedachten haar zo vaak bepalen. Hoe dat moet, weet ze niet. Ze denkt dat praten met een vreemde misschien kan helpen, niet met haar moeder, want die maakt zich alleen maar ongerust.
Gedrag	Ze vertoont geen oppositioneel gedrag, komt daar dan ook niet mee in moeilijkheden. Hoewel ze aangeeft extreme gedragingen op te zoeken die een risico kunnen inhouden, zegt ze deze tot nu goed te kunnen hanteren. Ze heeft langere tijd weed gebruikt, maar is daarmee gestopt, omdat het uiteindelijk niet goed voor haar is. Verder is ze sterk geïnteresseerd in seksualiteit en met name toepassing van bondage en dergelijke, hetgeen ze opzoekt op internet, en voorzichtig met haar vriend uitprobeert. Verder is ze geboeid door horrorfilms en kan ze gefascineerd zijn door taferelen waar anderen zich van afwenden maar waarover ze zelf verder fantaseert, zonder de aandrang te hebben om zelf zulke gruwelijke handelingen uit te voeren.
Lichamelijk domein	Lichamelijk gezond. Voorheen gebruikte ze softdrugs, naar eigen zeggen nu minimaal. Tijdens een enigszins depressieve periode heeft ze korte tijd nogal eens gekrast op haar arm. Actieve seksuele belangstelling kent ze sinds haar twaalfde jaar. Nu heeft ze een seksuele relatie met een vaste vriend. Zij gebruikt sinds een jaar 'de pil'.
Relationeel domein	Over het algemeen legt ze gemakkelijk en prettig contact met anderen. Tegelijkertijd vertrouwt ze zich niet gemakkelijk toe, doordat ze zich 'anders' voelt. En ook: ze heeft een grote behoefte aan het verkennen van mogelijkheden binnen een intieme relatie rond seksualiteit en macht.
Emotioneel domein	Nu meer dan een jaar geleden heeft ze zich een tijd depressief gevoeld, weinig plezier ervaren, was bedrukt, en had enkele suïcidale gedachten en wensen. Ze heeft op het punt gestaan pillen te slikken, maar heeft zich hiervan kunnen weerhouden. Deze gedachten zijn nu naar de achtergrond verdwenen. Ze spreekt over haar angst voor controleverlies over met name haar agressieve gevoelens. Bij boosheid op een ander komen die snel op en dringen ze zich op de voorgrond. Ze kan de boosheid ook verbaal uiten, maar dat vermindert de fantasieën niet. Angst ervaart ze ook in sociale situaties. Ze vreest afgewezen te worden door haar leeftijdgenoten over haar gedachten en speciale interesses (ze voelt zich ouder en verder ontwikkeld dan haar klasgenoten) en ze merkt ook dat ze bij een beurt in de klas onzeker, angstig en gespannen is, en dan kan gaan trillen.

Gedachtedomein	Joyce blijkt over een helder verstand te beschikken, ze kan goed ordenen. Ze is spiritueel geïnteresseerd, leest veel, denkt veel na en heeft enkele specifieke belangstellingen, zoals boven vermeld. Ze heeft er last van dat ze veel nadenkt, en dat er veel door haar hoofd gaat, wat ze moeilijk zelf kan doseren of afbreken. In die situaties probeert ze afleiding te zoeken in muziek, of op een andere manier te 'vluchten'. De studieresultaten op vmbo 3 zouden naar behoren zijn, ondanks het feit dat ze nogal eens concentratieproblemen ervaart. Ze definieert dit als een tijdje in trance zijn, wat ook als dagdromen begrepen kan worden. Ze vindt zichzelf niet slimmer dan haar klasgenoten, wel emotioneel rijper en ouder.
Omgeving	
Gezin:	Intact gezin. Altijd een goede relatie met haar moeder ervaren; zij bespreekt zaken openlijk met haar. Met haar oudere zus (5 Atheneum) heeft zij nu een goed contact, ze bespreken waar ze mee zitten. Voorheen was er meer afstand. Dit ervaart Joyce ook met haar vader, die zich minder open zou stellen dan haar moeder.
School/werk:	Met het leren ervaart ze in vmbo 3 geen problemen. Sociaal voelt ze zich wel alleen staan, ze heeft geen klasgenoten met dezelfde interessegebieden (gothic, filosofie, seksualiteit). Ze ervaart kinderachtigheid, ze voelt zich ouder en rijper. Van belang lijkt dat ze afgelopen twee jaar wel een vriendin naast zich in de klas had waarmee ze het prima kon vinden maar die wegens huiselijke problemen (en drugs?) in een leefgroep binnen de jeugdhulpverlening is geplaatst. Haar mist ze nu op school. Verder is er een verandering van locatie binnen de scholengemeenschap geweest. In de nieuwe omgeving voelt ze zich minder op haar gemak. Vanuit de voorgeschiedenis is bekend dat ze op de basisschool werd gepest, waar ze zich moeilijk tegen verweerde.
Vrije tijd/hobby's/sociale contacten:	Ze heeft voldoende contacten binnen een vriendengroep, ook het contact met de vroegere schoolvriendin houdt ze aan. Daarnaast heeft ze een vaste vriend (havo 4). Ze leest graag, kijkt films, tekent graag, onder meer zelf ontworpen kleding. Haar toekomstbeeld: eigenaar en exploitatie van een kledingwinkel samen met een visagiste en een kapper in gothic-stijl.
Regelmogelijkheden	Joyce doet op een redelijk goed geïntegreerde en toegankelijke manier verslag van haar gevoelens en gedachten, die haar in die zin beangstigen dat ze vreest zich niet in de hand te kunnen houden en voor anderen gevaarlijke dingen te doen door gebrek aan agressie-remming. Anderzijds geven deze gevoelens en gedachten haar ook fascinerende belevingen, die ze wil verkennen. Er klinken sado-masochistische tendensen in door. Mogelijk weet ze innerlijke sensaties (boosheid, angst, spanning) te weinig rechtstreeks, tijdig en passend te uiten met zorgelijk gedrag tot gevolg. Haar ouders hebben nauwelijks zicht op wat hun dochter ervaart en denkt. Ze maken zich zorgen, maar weten niet goed hoe deze uit te drukken. Als opvoeders geven ze ruimte.

In bovenstaand voorbeeld verschaft het Dialoogmodel inzicht in de aangemelde problemen en de sterke en zwakke kanten van Joyce. De informatie die haar moeder inbracht kwam grotendeels overeen met het verhaal van Joyce. Opvallend was de 'afstandelijke' houding van moeder. Zoals Joyce goed geordend over zichzelf sprak, maar nauwelijks emoties liet zien, zo deed haar moeder dat ook. Het was net of zij belangstellend het wel en wee van haar dochter volgde, maar daarover niet echt in gesprek met haar kwam. De vader bleek uit de verhalen zowel lijfelijk als emotioneel op nog grotere afstand te staan. In het individuele gesprek met de moeder kwamen naast verdere gegevens over de ontwikkelingsgeschiedenis van Joyce eveneens haar eigen levensgeschiedenis en die van het huwelijk aan bod. Met Joyce en haar moeder werd onze voorlopige inventarisatie besproken met uitspraken over disbalans tussen de emotionele en cognitieve aspecten, en over disbalans tussen Joyce en de omgeving. Op basis van al deze gegevens konden beiden akkoord gaan met het voorstel dat Joyce niet alleen naar nieuwe oplossingsmogelijkheden op zoek zou gaan, maar samen met haar ouders. Met onder meer als doel een betere onderlinge afstemming en ondersteuning, zodat Joyce (nog pas 15 jaar jong) alle onzekerheden rond volwassenwording niet alleen zou hoeven dragen. Ze zouden er alles aan doen om ook vader bij de hulpverlening te betrekken. De hulpverlener zegde toe hem zelf ook een uitnodiging te sturen.

Overwegingen

Met dit voorbeeld van Joyce willen we blijven benadrukken dat het model niet bedoeld is om rijtjes symptomen na te lopen en in een domein in te delen. Het is bedoeld om met de hulpvragers een overzichtelijk en inzichtelijk totaalbeeld te schetsen, waarin de samenhang, de ontwikkeling, de dynamiek en de interactionele aspecten verduidelijkt worden.

Door als hulpverlener in het eerste gesprek gebruik te maken van het Dialoogmodel zal het integreren van alle informatie volvlediger en genuanceerder kunnen verlopen, zonder dat dit extra tijd vergt. Door het systematisch bevragen van de kenmerken van de betrokkenen binnen de verschillende domeinen, worden snel de sterke en zwakke kanten zichtbaar en hun samenhang. Onze ervaring is dat het gesprek dan niet geconcentreerd blijft rondom bepaald probleemgedrag (en de daarbij ervaren onmacht), maar dat er ruimte komt om problemen meer in hun context en ontwikkelingsbeloop te zien. Daarbij kan de hulpverlener de betrokkenheid en afwegingen inzetten die hij door de dossieranalyse vooraf heeft verkregen. Soms zien wij hierdoor onderlinge strijd, beschuldiging en afwijzing rond probleemgedrag verminderen, zoals in het voorbeeld van Jan.

Het is wederom niet nodig, noch de bedoeling, dat tijdens het eerste contact en in de onderzoeksfase via het Dialoogmodel direct andere vragen gesteld gaan worden. De systematiek van het Dialoogmodel is erop gericht dat er meer samenhang komt in de betekenis van de verkregen gegevens, zowel voor de hulpverlener als voor de hulpvragers bij het formuleren van de aanpak van de problematiek. Hoe meer er sprake is van een gedeelde probleemdefiniëring, hoe eerder consensus zal ontstaan over de geïndiceerde zorg, en hoe deze vorm gegeven kan worden. In het indicatiebesluit van bijvoorbeeld Bureaus Jeugdzorg lezen de hulpvragers immers de (dreigende) problemen, de ernst en de mogelijke oorzaken, de benodigde zorg, het met die zorg beoogde doel, de termijn gedurende welke de aanspraak geldt nadat de in het besluit voorziene zorg is aangevangen, de termijn waarbinnen de aanspraak tot gelding moet zijn gebracht, een advies wie de zorg kan of kunnen uitvoeren, of er coördinatie van zorg noodzakelijk is en zo ja wie deze zorg het beste kan uitvoeren. Als de hulpvragers deze besluitvorming onvoldoende kunnen begrijpen en ondersteunen, kan dat de effectiviteit van de voorgestelde zorg nadelig beïnvloeden.

De verslagen van de gesprekken met de jeugdige en met de ouders op basis van het Dialoogmodel zijn gemakkelijk samen te voegen tot een intakeverslag. Dit verslag omvat de volgende onderdelen:

- hulpvraag/reden van aanmelding
- actuele gezinssituatie
- eerdere hulpverlening
- probleemdefiniëring in termen van gedrag
- lichamelijke kenmerken
- relationele kenmerken
- emotionele kenmerken
- cognitieve kenmerken
- omgevingsfactoren: gezinskenmerken en -functioneren, school/werk, vrije tijd/sociale contacten
- voorlopige geïntegreerde probleemdefiniëring (inclusief classificatie in termen van DSM-IV) met mogelijkheden en beperkingen, groeikansen en in stand houdende factoren
- voorstel tot behandeling/indicatie, inclusief reactie van de hulpvragers.

Dit intakeverslag kan dienen voor multidisciplinair overleg (zie het volgende hoofdstuk) in het kader van indicatiestelling voor mogelijk vervolgonderzoek, voor verdere begeleiding of behandeling, of voor elk ander zorgtraject. De resultaten van dit overleg worden meteen met de gezinsleden gedeeld. Hoe hierbij het Dialoogmodel kan worden ingezet, wordt toegelicht in hoofdstuk 6. Als de hulpvragers dit uitgebreide intakeverslag met hun handtekening accorderen, kan het gelden als eerste behandelingsovereenkomst. In hoofdstuk 5 wordt er nader op ingegaan hoe het Dialoogmodel verder te gebruiken is om een behandelingsovereenkomst op te stellen.

5 Het Dialoogmodel als hulpmiddel bij indicatiestelling

Inleiding

Binnen onze werksetting is het om kwalitatieve en wettelijke redenen gebruikelijk dat het behandelbeleid door een multidisciplinair team wordt vastgesteld. Hierbij is een bepaalde systematiek gewenst in de vorm van beslissingsschema's en formulieren.
De afgelopen jaren zijn wij nagegaan in hoeverre het Dialoogmodel hierbij ondersteunend en richtinggevend kan zijn. Zoals eerder aangegeven zien wij het Dialoogmodel niet als een nieuwe werkwijze of visie op probleemgedrag, maar vooral als een hulpmiddel dat ingezet kan worden als er behoefte aan richtinggevende ordening bestaat.

Het volgende voorbeeld laat zien hoe het Dialoogmodel gebruikt kan worden in de fase van indicatiestelling.

Ontsporende Kasper

De 13-jarige Kasper wordt aangemeld vanwege druk gedrag en bewegingsonrust, waardoor hij vooral op school steeds meer in moeilijkheden komt. Het contact tussen hem en de leerkrachten, en ook met de medeleerlingen, verliep op de basisschool stroef. Enerzijds heeft hij vlug en vaak conflicten, anderzijds is hij dikwijls slachtoffer van pesterijen waar hij geen antwoord op heeft. De situatie escaleert. De schoolleiding vraagt zich af of hij nog te handhaven is. Een aanmelding voor Speciaal Onderwijs volgt. Eenmaal daar geplaatst, lijken de problemen eerder in heftigheid en frequentie toe te nemen dan te verminderen.
Hij groeide op als enig kind in een opvoedkundig adequaat gezin. Kasper is altijd druk geweest en had weinig behoefte aan spelen met andere kinderen. Nu hij in de puberteitsfase is gekomen en de overgang van basisschool naar Speciaal Onderwijs

dreigt te mislukken, maken de ouders zich steeds meer ongerust over de verdere ontwikkeling van hun zoon. Ze vrezen stagnatie, en zijn ook bang dat hem iets mankeert zoals ADHD of een contactstoornis. Hij laat steeds vaker recalcitrant gedrag zien, met stampen en tegen deuren kloppen, of uit boosheid op de grond gaan liggen. De ouders kunnen dit gedrag niet meer afdoen als aandachttrekkerij.

In gezamenlijk overleg wordt besloten tot verdere toetsing van door hen gevreesde diagnoses in de vorm van een psychodiagnostisch en een psychiatrisch onderzoek. Van deze onderzoeken wordt apart een verslag gemaakt en ingebracht in het multidisciplinair team ter vaststelling van een mogelijke diagnose en ter afweging van mogelijke behandelindicaties.

Tijdens de inventarisatie van de onderzoeksbevindingen blijkt dat de diagnose autismespectrumstoornis gerechtvaardigd is. Tijdens het teamoverleg wordt op de volgende manier het formulier 'Terugrapportage' (zie bijlage 4) gebruikt.

Terugrapportage

Naam cliënt:	Kasper
Geboortedatum:	(13 jaar)
Datum terugrapportage:	.. .. 20 ..
Casemanager:	

Onderzoeksgegevens

Gedrag:	ontremd; dwars; chaotisch; verhoogde afleidbaarheid; clownesk.
Lichamelijk domein:	vanaf peutertijd al enige onrust met impulsiviteit. Lichamelijk gezond. Familieanamnese: geen bijzonderheden.
Relationeel domein:	onvoldoende afstemming; zeer beperkt invoelingsvermogen. Als baby een rustig temperament, weinig spontane reacties op zijn moeder. Kon zich lang bezighouden met solistisch herhalen van spel, altijd stroef in contact. Is op ander gericht. Neutraal-positieve band met ouders.
Emotioneel domein:	soms wanhoop ('waarom ik?'); angst; zich buitengesloten voelen; bozig. Kan genieten van computerspelletjes en van de natuur.
Gedachtedomein:	zwakbegaafd (op WISC III: VIQ = 80, PIQ = 79); drie jaar geleden gemiddelde waarden. Een lage verwerkingssnelheid staat nu op de voorgrond; weinig tot geen intuïtief denken; starre denkpatronen; laag zelfbeeld (ongedifferentieerd idee van zichzelf). Geen zicht op denkpatroon van anderen. Komt bij het leren redelijk mee, dankzij de nodige structurering van de leerkracht. Geen denkstoornissen. Grote feitenkennis.
Omgeving:	
– Gezin:	betrokken, zorgzame ouders. Opvoeding adequaat. Maken zich terecht zorgen. Kasper is enig kind, de ouders hebben zijn ontwikkelingsgang niet kunnen vergelijken met andere kinderen.

– School/werk:	na de lagere school geplaatst op Voortgezet Speciaal Onderwijs (VSO), sociale aansluiting grotendeels mislukt, vaak slachtoffer van pesterijen, escaleert nu. School is bereid te investeren, maar nadert grens van mogelijkheden.
– Vrije tijd/sociale contacten:	sociaal geïsoleerd. Kan zichzelf redelijk bezighouden met computeren.
Regelmogelijkheden:	weinig adaptief en oplossend vermogen. Nauwelijks invoelend en inbeeldend vermogen. Als peuter geen alsof-spelletjes. Leert weinig van ervaringen. Ouders en leerkrachten hebben steeds minder vat op hem.
Beschrijvende diagnose:	Kasper is een 13-jarige jongen die op meerdere vlakken een verstoorde ontwikkeling laat zien: in denken, in sociale afstemming en aansluiting, en in cognitieve mogelijkheden. Daarnaast druk en impulsief. Zijn integratievermogens zijn beperkt, gedragsmatig treden regelmatig ontsporingen op, waarbij hij beperkt leert van ervaringen. Hij groeit op in een toegewijd gezin. Mogelijk is de beginnende puberteit/overgang naar middelbaar onderwijs een belangrijke factor voor het toenemen van de problemen. De symptomen passen binnen een autismespectrumstoornis (PDD-NOS). Onvoldoende kenmerken voor de diagnose ADHD, maar wel kenmerken van ADHD.
Voorgestelde behandeling/ behandelaar	
Gedrag:	
L:	ter overweging medicatie voorstellen; doel: verminderen chaos, drukte en impulsiviteit.
R:	vooralsnog geen invalshoek: in een latere fase mogelijk deelname aan jeugdgroep autisme.
E:	vooralsnog geen invalshoek.
G:	starten met individuele psycho-educatie (met werkboek); doel: via uitleg en begrip voor zijn 'uniek-zijn' zijn zelfbeeld verbeteren (individueel therapeut).
Omgeving:	
– Gezin:	begeleiding bij het aanvaarden van de diagnose, en de betekenis voor het opvoedkundig handelen via psycho-educatie en opvoedingsondersteuning voor ouders (ouderbegeleider). Deelname voorstellen aan oudergroep Autismespectrumstoornis. Doelen: ouders begrijpen de specifieke eigenschappen van hun kind en weten er adequaat op te reageren. Ouders attent maken op de Nederlandse Vereniging voor Autisme (NVA).
– School/werk:	diagnose en beperkte begaafdheid bespreken. Doelen: betere afstemming en gedragsaanpak (ouders en ouderbegeleider).
– Vrije tijd/sociale contacten:	ouders gaan zelf op zoek naar geschikte vrijetijdsbesteding (zij krijgen enkele tips van de ouderbegeleider). Doel: socialisatie binnen mogelijkheden bevorderen.

Gedrag geen invalshoek voor "Gedrag:" rij: vooralsnog geen invalshoek.

De ordening via het Dialoogmodel van de kenmerken van Kasper maakt het de hulpverleners mogelijk om beslissingen te nemen over het behandelvoorstel aan hem en zijn ouders. Het helpt om te zien dat de beperkingen van Kasper breed en omvattend zijn (op alle domeinen), en dat zijn integratie- en regelmogelijkheden eveneens beperkt zijn. Het accent van de voorstellen komt daarmee te liggen op de taak van de omgeving (ouders en school) om veel mee te regelen. Zoals in dit voorbeeld is te zien, wordt het formulier enkel ingevuld met een aantal trefwoorden die de kern van een domein vormen. Daarmee zijn diagnostische overwegingen helder te maken en kan nagegaan worden waarvoor behandeling mogelijk en haalbaar is en welke vormen van behandeling voorgesteld kunnen worden. Het team beschikt zo over een kort en helder 'document' waarin de overwegingen en denkstappen gemakkelijk terug te vinden zijn.

Een crisissituatie maakt een gedegen inventarisatie van de hulpvraag en van de mogelijkheden tot zelfregulering, en eventuele noodzaak tot meeregelen, niet altijd mogelijk. Het Dialoogmodel helpt om toch beslissingen te nemen in het overleg tussen de hulpvragers en de hulpverleners, zoals in het volgende voorbeeld.

Bedreigde Wilma

De 14-jarige Wilma wordt door school bij Bureau Jeugdzorg aangemeld vanwege gedragsproblemen op school. Ze spijbelt, is brutaal en heeft zo nu en dan woede-uitbarstingen, waarbij ze in elk geval een keer een andere leerlinge flink gepakt heeft. Rond de school opereren zogenoemde 'loverboys'. Wilma zegt met hen niets te maken te hebben; de school is bang dat ze een gemakkelijke prooi is voor hen. School heeft de ouders proberen te betrekken bij het zoeken naar oplossingen. Ze zijn gescheiden, vader is uit beeld en moeder lijkt overvraagd en pedagogisch onmachtig. Er is nog een jonger kind, waar moeder veel tijd aan kwijt is. De vertrouwenspersoon van school heeft wel wat gesprekken met Wilma gehad, maar zij is nogal gesloten en afwerend. Ze heeft wel begrepen dat Wilma regelmatig 's nachts niet thuiskomt, al met veel jongens onbeschermd het bed is ingedoken en betrokken is geweest bij winkeldiefstal. Ze heeft via Bureau HALT daarvoor een taakstraf gehad. De aanleiding voor de aanmelding is het feit dat Wilma heeft verteld dat ze heel wat pijnstillers heeft geslikt, 'in een rotbui'. Ze heeft het later aan een medeleerling verteld, die de vertrouwenspersoon heeft ingeseind. Moeder is er wel van geschrokken, maar weet het ook niet

meer. Ze heeft in het verleden opvoedingsondersteuning gehad maar dat heeft weinig geholpen en Wilma wil helemaal niets. Ze heeft geen boodschap aan al die bemoeizucht. Ze zal heus geen pillen meer slikken! Een beschermingsmaatregel wordt nodig geacht.
In het multidisciplinair overleg (MDO) van Bureau Jeugdzorg wordt geconcludeerd dat het inderdaad tijd is om in te grijpen. Wilma loopt risico's. Lichamelijk dreigt het gevaar van zwangerschap en/of geslachtsziekten, relationeel is er in elk geval oppositie tegenover volwassenen en grenzeloosheid en ook vijandigheid jegens leeftijdgenoten. Haar cognitieve ontwikkeling dreigt vast te lopen en emotioneel spelen stemmingswisselingen, woede en mogelijk suïcidaliteit. Er bestaan verder twijfels over haar gewetensontwikkeling. Haar directe omgeving is pedagogisch onmachtig en mooie praatjes van criminele personages in de buurt vormen voor jongeren als Wilma een groot risico. Zwerfgedrag en verdere teloorgang liggen op de loer. De wisselwerking tussen haar toestand en de huidige omgevingssituatie wordt als een neerwaartse spiraal gezien.

Als het bovenstaande beknopt in het Dialoogmodel is ingevuld, rijst de vraag waar nu het zwaartepunt van de problemen ligt. Bij Wilma die het de omgeving onmogelijk maakt om haar te helpen, of meer in haar omgeving die haar te weinig steun, structuur en stimulans kan bieden om tot meer passend gedrag te komen? Misschien is het een combinatie van deze twee mogelijkheden. Het lijkt het meest aangewezen om in een dwingend kader primair de omgeving veiliger, steunender te maken en haar te begrenzen. Om zicht te krijgen op de regelmogelijkheden van Wilma en om een samenhang met een eventueel psychiatrisch toestandsbeeld te achterhalen, wordt een psychiatrisch onderzoek geïndiceerd geacht. De medewerker van BJZ gaat hierover met de moeder in gesprek (Wilma is niet komen opdagen), die akkoord gaat met dit voorstel, en die het nadien lukt Wilma zover te krijgen dat ze meewerkt.
Bij het psychiatrisch onderzoek wordt in feite getracht de differentiatie van de ontwikkelingsdomeinen en hun samenhang te taxeren. Via een gesprek met Wilma en met haar moeder wordt hiervan een indruk verkregen. Kort gezegd komt naar voren dat de lichamelijke klachten van Wilma en de buien waarin ze bozig, geïrriteerd is, niet gerelateerd zijn aan een psychiatrisch

beeld. Bij navraag lijken deze symptomen meestal voort te komen uit frustraties. Wilma is in gedachten nog wel bezig met de echtscheiding van haar ouders. Of ze erdoor belast wordt, blijft onduidelijk. Enige jaloezie is haar niet vreemd. Het incident met de medeleerling lijkt daar een gevolg van te zijn geweest. Wat haar denken betreft, er komen geen depressieve cognities naar voren, ze heeft voldoende interesses en (toekomst)-plannen. Over zichzelf denkt ze wel negatief. Tot haar medicijninname kwam ze in een bui, toen ze zich in de steek gelaten voelde en vooral 'weg' wilde zijn, niet dood. Achteraf is ze wel geschrokken van de reacties. Wilma vertoont in het onderzoek weinig zelfreflectieve mogelijkheden. Ze legt de schuld vooral bij anderen en lijkt erg beïnvloed door leeftijdgenoten. Ze heeft lak aan volwassenen. Al met al wordt de veronderstelde diagnose depressie niet bevestigd.

Gedrag	*spijbelen van school, brutaal, woede-uitbarstingen, winkeldiefstal.*
L	*eenmalige overdosering pillen; onbeschermd (promiscue?) seksueel actief. Lichamelijk gezond.*
R	*gesloten, afwerend en oppositioneel tegenover volwassenen; grensoverschrijdend tegenover leeftijdgenoten (seks, agressie).*
E	*wisselingen in stemming, van vrolijk genieten tot bozig en kwaad zijn; is jaloers op zus. Geen depressief toestandsbeeld, geschrokken van reacties na medicijninname, geen doodswens.*
G	*denkt negatief over zichzelf, piekert over echtscheiding. Waarschijnlijk gemiddeld begaafd; heeft toekomstplannen*
Omgeving	
– Gezin	*moeder staat alleen voor de opvoeding, voelt zich onmachtig, heeft geen vat op haar dochter. Andere dochter vraagt alle aandacht. Vader uit beeld.*
– School/werk	*geen gestructureerde daginvulling. School wil(de) investeren.*
– Vrije tijd/sociale contacten	*hangt wat rond, zoekt jongeren op met risicogedrag.*
Regelmogelijkheden	*weinig eigenheid, nauwelijks reflectief, hoog beïnvloedbaar. Twijfels rond gewetensontwikkeling.*

In het multidisciplinair overleg dat hierop volgt wordt uit deze ordening van gegevens geconcludeerd dat Wilma weinig eigenheid heeft ontwikkeld en zich gemakkelijk laat leiden door haar leeftijdgenoten. Ze laat een twijfelachtige gewetensontwikkeling zien. Anders gezegd: haar gedrag wordt veel door omgevingsinvloeden bepaald. Ze heeft weinig mogelijkheden om haar gedrag zelf te sturen/regelen, en ze staat dat de volwassenen om haar heen niet toe. Het meeregelen op vrijwillige basis lijkt niet meer mogelijk, haar moeder voelt zich volledig onmachtig en overvraagd, en lijkt niet over voldoende reserves te beschikken om dit binnen redelijke tijd om te buigen naar een meer adequatere houding.

Omdat er geen gronden zijn voor een BOPZ-maatregel (gevaar op grond van een psychiatrisch toestandsbeeld) wordt een raadsonderzoek nodig geacht, te bespreken met het gezin en de verwijzer. Een ondertoezichtstelling (OTS) en uithuisplaatsing lijken in het geval van Wilma meer op zijn plaats dan een gedwongen psychiatrische opname.

Overwegingen

In de praktijk blijkt dat het via het Dialoogmodel systematisch ordenen van anamnestische en onderzoeksbevindingen niet direct leidt tot andere conclusies en diagnoses, maar (wel) meer zicht geeft op de context en de aanwezige dynamiek. Deze gegevens spelen vervolgens een rol in de discussie over welke verdere begeleidings- en/of behandelingsmogelijkheden geïndiceerd kunnen worden. De sterkte-zwakteanalyse van alle betrokken hulpvragers geeft richting aan haalbaarheden en beperkingen.

Ondanks de invoering van het stelsel van de zogenoemde DBC's ('Diagnose Behandeling Combinatie') in de ggz blijft het nodig individueel maatwerk aan te bieden aan de hulpvrager. Die is immers uniek.

Om een voorbeeld te noemen: bij de ene jongere met ADHD heeft kan volstaan worden met basale psycho-educatie en het instellen van de juiste medicatie. Een andere kan beter een standaardprogramma volgen met deelname aan een groep voor jongeren en – door de ouders – aan een oudergroep met een vooraf vaststaand aantal sessies. Bij weer een ander is een intensieve langdurige gezinsbegeleiding noodzakelijk, naast meerdere individuele trainingen voor de jongere zelf en/of begeleiding op school.

Het Dialoogmodel als invuloefening: een valkuil!

Als het Dialoogmodel gebruikt wordt om in trefwoorden een sterkte-zwakteanalyse van het kind/de jongere en diens omgeving op te stellen, dan moet men bedacht zijn op de volgende valkuil. Het is verleidelijk om bij ieder domein een vorm van behandeling te indiceren, als binnen dat domein een problema-

> tische ontwikkeling of een verontrustend toestandsbeeld naar voren komt. Het gevaar dreigt van een invuloefening per domein. En dan wordt het Dialoogmodel gebruikt op een manier die door ons niet bedoeld is. Niet louter de *opsplitsing* kan de waarde zijn van het Dialoogmodel, maar juist de mogelijkheid om goed zicht te krijgen op de verschillende aspecten in hun *samenhang*.

Wij gebruiken het Dialoogmodel om na te gaan welk domein de meeste kansen biedt voor een effectieve beantwoording van de hulpvraag in de wetenschap dat bij verschuivingen binnen het ene domein verschuivingen in andere domeinen het gevolg kunnen zijn. Dit is te verduidelijken met het volgende voorbeeld. Een depressieve stoornis manifesteert zich in alle domeinen, zoals bedrukte stemming (E), negatieve gedachten (G), verminderde eetlust, verstoord slaapritme (L), en zich terugtrekken in een eigen wereld (R). Aangrijpingspunten voor behandeling kunnen liggen binnen het emotioneel domein (verwerken van bijvoorbeeld een verlieservaring), het cognitief domein (het veranderen van negatieve gedachten, van inadequate veronderstellingen), het lichamelijk domein (via medicatie herstellen van vitale functies, via lichaamsgerichte therapie zelfvertrouwen vergroten of vitale lichaamsfuncties herstellen, conditie verbeteren) of het relationeel domein (veranderen van de interpersoonlijke houding). Daarnaast is concrete gedragsoefening in te zetten (overwinnen van vermijding), of kan door contextuele veranderingen (binnen gezin, werk, school, anders invullen van vrije tijd) een aanzet gevonden worden voor een overwinning van het depressieve toestandsbeeld. Behandeling gericht op het ene domein levert ook in andere domeinen effecten op. 'Running-therapie' bijvoorbeeld geeft een betere conditie, maar ook een beter gevoel, sociale stimulatie enzovoort.

Capaciteiten, lijdenslast, veranderwens, motivatie en sterkte/kwetsbaarheid van de omgeving bepalen uiteindelijk de invalshoek die overeengekomen zal worden tussen hulpvragers en hulpverleners. Dat kan een standaardbehandeling via een zorgprogramma zijn, in de praktijk zal het vaak aankomen op een individuele invulling en fasering. Soms is het nodig dat een hulpvrager eerst zorgt voor stabiliteit in de omgeving. Een ander zal eerst zelf bewust moeten worden van de ontwikkelingsgevaren die hij loopt alvorens zich te kunnen begeven in een hulpverleningsrelatie.

Een behandeling vereist afwegingen rond tempo en fasering. Eerlijkheidshalve spelen daarbij niet alleen factoren van de hulpvragers een rol, maar evenzeer de vaak beperkte beschikbaarheid van behandelvormen en van een geschikte en gekwalificeerde behandelaar. In dat krachtenveld kunnen via het Dialoogmodel de meest geschikte en meest haalbare voorstellen gedestilleerd worden.

Met de in dit hoofdstuk beschreven procedure en het hierbij gebruikte formulier in de hand is vervolgens het adviesgesprek goed te structureren en zijn de opvattingen van de deskundigen overzichtelijk naar voren te brengen. Er mag geen misverstand ontstaan over de bruikbaarheid van het hier besproken formulier. Het is louter bedoeld als *hulpmiddel* om de dialoog (zowel tussen de hulpverleners onderling als met de hulpvragers) te ondersteunen en te sturen, en beslist niet bedoeld als uiteindelijke verslaglegging van onderzoeksbevindingen. Voor dat doel doen uitgebreidere en genuanceerdere beschrijvingen meer recht aan het verhaal van de hulpvragers. Het kan wel dienen voor een eerste inventarisatie van behandelvoorstellen en daarmee als verkorte behandelingsovereenkomst.
In het volgende hoofdstuk wordt de wijze waarop het Dialoogmodel als communicatiehulpmiddel gebruikt wordt in de contacten met de hulpvragers nader uitgewerkt.

Het Dialoogmodel als hulpmiddel bij de dialoog

Inleiding

In de voorgaande hoofdstukken is uiteengezet hoe het Dialoogmodel hulpverleners behulpzaam is om bestaande informatie te ordenen en aanvullende gegevens te verzamelen en om te komen tot conclusies en voorstellen voor verder beleid.

In dit hoofdstuk werken we uit hoe de dialoog met de hulpvragers via het model gevoerd wordt. We hebben ons model ontwikkeld vanuit de behoefte om het gesprek met onze hulpvragers beter en gemakkelijker te laten verlopen, en vooral om een meer gezamenlijke visie en meer overeenstemming te bereiken over wat gedaan kan en moet worden.

Het Dialoogmodel wordt daar ingezet waar nodig, en in de mate van behoefte. Dat betekent dat er met het model heel flexibel omgegaan kan worden: soms niet, soms gedeeltelijk, soms uitgebreid, intensief en steeds opnieuw. Het is geen nieuw werkstramien, geen nieuw 'paradigma', geen vervanger van andere werkwijzen, maar vooral een aanvullend middel, toepasbaar in vele werkvelden.

In de vorige hoofdstukken hebben we al enkele voorbeelden gegeven van hoe wij het Dialoogmodel inzetten in onze contacten met hulpvragers. In dit hoofdstuk willen we laten zien hoe wij het model inzetten tijdens beslismomenten samen met hulpvragers bij een ambulant adviesgesprek, bij een consultatieve vraag en bij inventarisatie van gezinsproblematiek. Het plaatje van het Dialoogmodel dat wij in hoofdstuk 2 presenteerden tekenen we daarbij meestal uit op een flap-over.

Een adviesgesprek bij de start van een ambulante behandeling kan als volgt verlopen.

Bedrukte Marcel

De 15-jarige Marcel is door de kinderarts verwezen met een veronderstelde depressie. De huisarts heeft hem eerst wegens eet- en slaapstoornissen verwezen naar het ziekenhuis voor nader onderzoek en behandeling. De klachten bestonden al enige maanden, hij voelde zich zo ziek dat hij al enkele weken niet meer naar school ging. Lichamelijk werden geen bijzonderheden gevonden. Vanwege een bedrukte stemming en een afhoudende contactname in combinatie met vitaal depressieve symptomen werd Marcel met spoed verwezen naar de polikliniek jeugdpsychiatrie. Hij bleek geen eetlust meer te hebben, enkele kilo's afgevallen te zijn, in- en doorslaapproblemen te hebben, in beleving afgevlakt, duidelijk somber gestemd, en weinig geïnteresseerd in de wereld om hem heen. Schooltaken kreeg hij niet meer gedaan, het lukte hem alleen nog wel om elke dag enkele uren achter zijn computer te zitten, en dat gebeurde meer en meer in de nachtelijke uren wanneer hij de slaap niet kon vatten. Uit het verhaal van hem en zijn toegewijde ouders begrijpen we dat het toestandsbeeld zich heel geleidelijk zo ontwikkeld heeft sinds hij op de middelbare school zit. Echte aansluiting bij zijn leeftijdgenoten heeft hij nooit gehad, hij voelt zich op het gymnasium wel onder zijn gelijken, maar toch ook buitengesloten door pesterijen die hij moeilijk kan plaatsen. Tegenover zijn ouders stelt hij zich steeds eigenzinniger op en wijst hen vaak op hun onlogisch denken en handelen.

Anamnestisch zijn er niet direct aanwijzingen voor ingrijpende gebeurtenissen in het leven van Marcel, zijn ontwikkeling is zonder veel bijzonderheden verlopen.

Gezien de ernst van het toestandsbeeld wordt in samenspraak besloten te beginnen met medicatie in de vorm van een antidepressivum (dat doen we alleen in uitzonderlijke situaties); daarnaast wordt het toestandsbeeld verder geïnventariseerd, de ontwikkelingsgeschiedenis en de gezinsgeschiedenis.

We gaan hier niet in op de verschillende onderzoeksvormen en resultaten. Wat naar voren komt is dat Marcel een autistische ontwikkeling heeft doorgemaakt, die hij met zijn goede verstandelijke vermogens redelijk goed heeft kunnen hanteren, maar waarmee hij steeds meer moeite krijgt in zijn puberteit. Heeft hij als kind geleerd hoe met andere kinderen om te gaan (achteraf gezien op een rationele en functionele manier), op de middelbare school komen heel andere prikkels op hem af, die hij moeilijk kon duiden en hanteren. Hints en steken onder water begrijpt hij nauwelijks, seksuele signalen van de meiden verwarren hem, evenals zijn eigen lichamelijke veranderingen. De klasgenoten gaan hem steeds meer als 'wereldvreemde' benaderen, en hij ziet zich steeds meer buitengesloten zonder te begrijpen waarom, hij doet immers niemand kwaad. De computerhobby kan hij met niemand delen, omdat er niemand in zijn omgeving is die zich er zo in verdiept en ontwikkeld heeft als hij. Hij 'chat' met 'wizz kids' over de hele wereld om allerlei technische problemen en mogelijke toepassingsgebieden uit te wisselen. Binnen het gezin – hij heeft twee jongere zusjes – is hij altijd gezien als de kleine professor die veel met zijn eigen interessegebieden bezig is en weinig behoefte heeft aan samenspel met andere kinderen. De ouders hebben zelf weinig scholing en zijn trots op hun oudste die naar het gymnasium gaat en dat qua niveau goed aan blijkt te kunnen. Ze stellen weinig pedagogische eisen aan hem, en er hebben zich nauwelijks onderlinge conflicten voorgedaan.

Het gezin zelf heeft moeilijke tijden gekend: de vader is enkele jaren eerder overwerkt geraakt en ontvangt een WAO-uitkering. Na zich aanvankelijk zeer summier met de opvoeding te hebben bemoeid, lijkt hij dit nu te willen inhalen, maar vindt daarvoor geen weerklank bij zijn zoon. De moeder heeft een depressieve periode doorgemaakt, waardoor zij zich goed kan inleven in wat Marcel nu voelt; zij reageert daarop vooral ontfermend.

De hier in vogelvlucht weergegeven complexiteit van de problematiek wordt bij de bespreking van de onderzoeksbevindingen in het uiteindelijke adviesgesprek als volgt (eveneens verkort) met het Dialoogmodel voorgelegd. Dit gesprek valt drieënhalve week na de start van de antidepressieve medicatie; daarmee is binnen een week na het kennismakingsgesprek begonnen, vanwege de verontrustende lichamelijke signalen.

Het gesprek wordt geopend met te vragen naar de werking van het antidepressivum. De reacties van Marcel en van zijn ouders worden in trefwoorden genoteerd op de flap-over. De belevingen (iets verbeterde stemming, minder gejaagd gevoel) worden onder het hoofdje 'Emoties' gezet. Zonder het Dialoogmodel als zodanig te presenteren en uit te leggen, wordt het verder uitgetekend aan de hand van alle verdere ingebrachte informatie van de gezinsleden en van de onderzoeksbevindingen. Het 'plaatje' ontstaat zo, al inventariserend, heel natuurlijk en vanzelfsprekend. Als vervolg op de 'Emoties' worden de waargenomen lichamelijke veranderingen bevraagd. Marcel en zijn ouders melden een verbeterde nachtrust, en als bijwerking een droge mond. Deze worden bij 'Lichaam' genoteerd. Met het tekenen van de cirkel rondom deze twee domeinen wordt uitgelegd dat we de afgelopen periode nog meer aspecten in kaart hebben gebracht, waaronder zijn 'Gedachten' en cognitieve capaciteiten, en zijn 'Relationele stijl'. Deze worden apart in de cirkel uitgeschreven. Niet alleen de problematische items worden genoteerd, ook de sterke en positieve kanten worden samengevat. De tekening wordt afgemaakt met de toevoeging van de pijlen van 'Omgeving' en 'Gedrag', met de toelichting dat er zodanige regelproblemen zijn ontstaan dat Marcel niet meer gewoon naar school kan gaan en zich steeds meer afzondert. Met het beschrijven van de pogingen van de ouders om hun zoon te ondersteunen, met het benoemen van hun worstelingen met eigen problemen in de afgelopen periode, en een inventarisatie van steunpunten (Omgeving), wordt het 'plaatje' compleet gemaakt.

Gedrag	*zich terugtrekken op eigen kamer, schoolverzuim, eigenzinnig en afwijzend tegenover ouders.*
L	*op dit moment eet- en slaapstoornissen (nu iets beter), enigszins droge mond, altijd lichamelijk gezond geweest, altijd wat stijfjes, deed als kind niet mee met fysieke spelletjes, geen behoefte aan sportbeoefening.*
R	*op zichzelf, nooit echte aansluiting bij anderen gehad, zakelijke manier van contact leggen, vriendelijk en behulpzaam.*
E	*op dit moment bedrukte depressieve stemming, van kind af aan weinig emotionele expressie.*
G	*zeer goede verstandelijke capaciteiten, denkt analytisch-logisch, heeft moeite met verbeeldend taalgebruik, is weinig flexibel in denken.*
Omgeving	
– Gezin	*moeder heeft depressie doorgemaakt, vader is overspannen geweest en in de WAO terechtgekomen.*
– School/werk	*pestverleden op de basisschool, zit nu op het gymnasium, maar verzuimt al maanden, heeft nauwelijks aansluiting bij leeftijdgenoten.*
– Vrije tijd/sociale contacten	*heeft veel internetcontact, om computerproblemen op te lossen en nieuwe toepassingsmogelijkheden te vinden;*

Regelmogelijkheden

vanaf de puberale ontwikkeling lukt het Marcel steeds minder om aan te sluiten bij de omgeving, hij weet weinig raad met zijn emoties en de intenties van anderen, hij lijkt daartoe beperkt toegerust. Er zal veel inspanning van hem en zijn omgeving nodig zijn om tot een nieuw, leefbaar evenwicht te komen.

Uitgesproken wordt dat wij de zorg en ongerustheid waarmee de verwijzing gepaard is gegaan, delen, en dat we ons intensief willen inzetten om te helpen de zaken weer beter geregeld te krijgen. De ernst van de situatie geven wij aan door te wijzen op het feit dat binnen alle domeinen verstoringen opvallen die passen binnen wat wij noemen een vorm van een contactstoornis. We leggen uit dat het tot voor kort gelukt is deze verstoringen te hanteren, maar dat de prikkels uit de omgeving en vanuit de eigen lichamelijke ontwikkeling nu zo verstorend zijn dat zelfregulering niet meer lukt, en dat de ouders eveneens met lege handen staan. Marcel heeft hierbij een depressief toestandsbeeld ontwikkeld.

Daarmee krijgt het gesprek een 'slecht nieuws'-karakter. Voor het eerst wordt uitgesproken dat er niet alleen faseproblematiek speelt, maar ook een bepaalde ontwikkelingsproblematiek.

De ouders reageren opvallend opgelucht. Eigenlijk voelen zij al jaren aan dat er iets fundamenteel vreemds is aan hun jongen, maar ze hebben geen ervaringen ter vergelijking. Hij is de oudste en de slimste, en zijn twee zusjes zijn van jongs af levenslustiger en ondernemender, wat de ouders vooral zien als temperamentverschil. En niet ten onrechte.

Nog opvallender is de reactie van Marcel. Hij brengt in dat hij op het internet allang heeft uitgezocht dat hij aan de symptomen van de stoornis van Asperger (een vorm van autisme) voldoet. Hiermee verrast hij alle aanwezigen: hij heeft er nooit iets over gezegd. Tegelijkertijd geeft hij te kennen dat hij niet begrijpt dat anderen zich daar zorgen om maken. Hij kende tot voor kort geen problemen, en het feit dat hij niet naar school gaat, heeft geen betekenis: via het internet kent hij meerdere personen die zonder opleiding wel goed geld verdienen door via datzelfde internet opdrachten aan te nemen. Relationele vaardigheden hoeft hij hiervoor niet te ontwikkelen, en verstoring van nachtrust vindt hij een zeer relatief begrip. Internet is immers in alle tijdzones actief en toegankelijk. Als je elkaar wilt bereiken staat dat volledig los van het toevallige uur van je tijdzone, aldus zijn redenering.

Terwijl de ouders via het Dialoogmodel snel inzicht krijgen in de complexe problematiek van Marcel, in de betekenis daarvan voor hem en hen, brengt het Marcel niets nieuws. Sterker nog, hij bestrijdt de betekenis ervan.

Met het model voor ogen kan wel overeenstemming worden bereikt over zijn depressieve stemming. Hij moet toegeven dat hij zich de laatste tijd heel anders voelt dan voorheen (binnen het E-domein) en dat hij meerdere verstorende lichamelijke sensaties kent (het L-domein). En ook hoe het hulpmiddel 'medicatie' (via hetzelfde L-domein) hem hierbij beter geregeld krijgt. In de volgende gesprekken kan met hem verder 'onderhandeld' worden over hoe zijn actuele en gewenste zelfregulering verloopt, en hoe zijn Omgeving (ouders en behandelaars) hem hierin kan ondersteunen.

In die volgende gesprekken doet het Dialoogmodel dienst als 'verbindende factor': binnen de domeinen worden eigenschappen verwoord die door hemzelf, zijn ouders en hulpverleners gedeeld worden, en die als zodanig erkend worden. Over de betekenis ervan, en over noodzaak en mogelijkheden van ondersteuning, lopen de meningen uit elkaar, begrijpelijk gezien de aard van de problematiek.

In het volgende voorbeeld, van Rachid, gaat het niet zozeer om de overeenstemming van diagnostiek, maar wordt aan de hand van het Dialoogmodel inzichtelijk gemaakt op welke aspecten (domeinen) groei voor hem mogelijk is en hoe de ouders hieraan kunnen bijdragen, zodat hij zich beter kan gaan voelen. Het betreft een consultatieve vraag vanuit een somatisch ziekenhuis.

Vermoeide Rachid

Voor de 13-jarige Rachid wordt een consult aangevraagd vanwege onbegrepen lichamelijke klachten. Hij heeft vermoeidheidsklachten waarvoor geen oorzaak is gevonden. Er is volgens de artsen geen sprake van een vermoeidheidssyndroom, het is psychisch. Rachid zou een paar weken geleden naar de brugklas gaan, maar dat is niet gelukt. In de vakantie ging het na grieperig zijn bergafwaarts. Een bijzondere aanleiding is niet gevonden. De kinderarts en de neuroloog hebben hem van top tot teen onderzocht. Eerst dachten zij aan de ziekte van Pfeiffer of bloedarmoede, maar daar bleek niets van. De artsen konden Rachid en zijn ouders niet verder helpen en vroegen een consult aan. De ontwikkeling van Rachid laat eigenlijk geen bijzonderheden zien, behalve enige angst voor nieuwe situaties. De laatste tijd ziet hij ook wat op tegen het gezamenlijk douchen op de sportclub. Rachid heeft redelijk veel vriendjes en is enig kind. Een tante van hem heeft multipele sclerose (MS). Zij is eigenlijk nauwelijks meer tot iets in staat. Zelf is Rachid tamelijk onverschillig onder de situatie. Zijn ouders zijn nogal bezorgd, vooral over het regelmatig missen van school. Ze denken toch dat er iets lichamelijks is. Moeder is met haar werk gestopt om Rachid zo veel mogelijk te helpen. Hij wordt steeds zwakker. Vader ergert zich toenemend aan de toestand. Eigenlijk denkt hij dat Rachid zich maar wat aanstelt, zich beter zou kunnen inzetten. Dat geeft thuis de laatste tijd nogal wat conflicten tussen de ouders. Terwijl de ouders dit alles vertellen, heeft de hulpverlener de gegevens op een flap-over beknopt opgeschreven, gerangschikt volgens het Dialoogmodel.

Gedrag	vermoeidheidsklachten, vermijding van moeilijke situaties, conflicten met de ouders.
L	geen somatische verklaringen voor de klachten gevonden, altijd een gezonde jongen geweest.
R	aardig, legt gemakkelijk contact; nu vaker hulpeloos en afhankelijk.
E	wat angstig in nieuwe situaties, over het algemeen goed gestemd.
G	onverschillig over eigen positie, wat enigszins ontkennend en bagatelliserend overkomt, gemiddelde cognitieve mogelijkheden, waarschijnlijk weinig zelfvertrouwen.
Omgeving	
– Gezin	ouders weten het niet meer, reageren tegengesteld; moeder heeft eigen werk opgezegd om klaar te kunnen staan;
– School/werk	veel schoolverzuim;
– Vrije tijd/sociale contacten	sociale aansluiting best goed.
Regelmogelijkheden	op het moment lijken angst en beperkt zelfvertrouwen vooral in lichamelijke klachten tot uitdrukking te komen, wat door de ouders eerder bestendigd wordt dan omgezet in meer adequaat gedrag.

De hulpverlener loopt samen met de ouders en Rachid zelf nog eens de informatie langs. Door wat lijnen te trekken kan hij duidelijk maken hoe de onbegrepen lichamelijke klachten in elk geval interactioneel veel spanning opleveren. Hij geeft aan dat het alleen maar blijven zoeken naar oorzaken vaak heilloos en dus frustrerend is. Ook kan hij laten zien (via de pijl van Gedrag naar Omgeving) dat de problemen alleen maar groter worden als het zo doorgaat. Het is dus zeker zo belangrijk om de gevolgen aan te pakken en zo mogelijk de klachten terug te dringen. Hij stelt voor om op twee sporen (domeinen) te mikken, het lichamelijke en het relationele. Dat zou kunnen met psychomotorische therapie (PMT) en ouderbegeleiding. Als argumenten worden aangedragen: 'Je lichaam functioneert niet goed, dus gaan we samen uitzoeken hoe je lichaam weer beter kan functioneren' (erkenning van de lichamelijke klachten). 'We proberen de beperkingen van je klachten terug te dringen, je te leren de angst die het allemaal oproept beter te hanteren, zodat je het vertrouwen in jezelf en je lichaam terugwint. We verwachten dat je zo leert je minder hulpeloos te voelen en minder afhankelijk van anderen te zijn.'

Tegenover de ouders wordt in vergelijkbare termen gesproken: 'We moeten ons ervoor inzetten dat hij lichamelijk weer sterker wordt, taken minder uit de weg gaat, u weer meer vertrouwen in hem krijgt, en weer meer aan hem kunt overlaten. Hoe rustiger en geruster u als ouders kunt reageren, hoe beter hij zich kan voelen'.

Te overwegen is om ouders (als ze er aan toe zijn) te betrekken in de PMT, samen met de ouderbegeleider, om samen lichamelijk plezier te hebben en het lichaam te ontdekken als bron van vreugde, niet enkel als bron van pijn en ellende. Spelenderwijs worden dan meer oplossingsmogelijkheden aangeleerd.

Met deze uitleg durven Rachid en zijn ouders de stap naar behandeling te zetten. Ze zijn met tegenzin gekomen, de artsen hebben immers in hun ogen al te gemakkelijk gezegd dat er iets 'psychisch' speelt, maar met onze uitleg via het Dialoogmodel over de op dit moment spelende factoren en hoe ze deze in stand houden, is hun vraag naar een verklarend ziektebeeld op de achtergrond geraakt.

Lang niet altijd hoeft de aandacht zich in eerste instantie te richten op de aangemelde persoon. Als bijvoorbeeld bij de kennismaking de onderlinge communicatie in het gezin verstoord blijkt, kan het Dialoogmodel gebruikt worden als verduidelijkend en verbindend middel.

Felle Sonja

Sonja is op school al vaak slachtoffer van pesterijen geweest. Dat was op de basisschool. De hoop dat, nu ze 14 jaar oud is en de overstap naar vmbo-praktijk heeft gemaakt, daar geen last meer van zal hebben, wordt niet bewaarheid. Tot nu reageert ze fel terug met schreeuwen en schelden op een manier die alleen maar méér pesten oproept. In haar gevoel van bedreigd worden heeft ze een mes meegenomen naar school, en het op zeker moment tevoorschijn gehaald. In een kleine schermutseling is bloed gevloeid. Ze heeft een pester licht verwond. De ontzetting bij de andere scholieren en leerkrachten is zo groot dat er aangifte bij de politie volgt en dat zij van school geschorst wordt. Haar moeder reageert furieus, zowel tegen de school als tegen haar dochter. Zij verwijt de school dat daar het pesten nooit is aangepakt, en haar dochter dat ze het gezin tot schande maakt. De relatie tussen moeder en dochter is al langere tijd verstoord. Moeder heeft in haar beleving nauwelijks vat op Sonja, die zich altijd al eigenzinnig en afstandelijk opstelt. De emotionele verwijdering is een jaar eerder groter geworden toen Sonja zich in een seksueel avontuurtje (ze was toen 13 jaar) heeft gestort dat is uitgelopen in geslachtsgemeenschap. In haar gevoel als moeder mislukt te zijn, reageert zij vooral met verwijten aan het adres van haar dochter.

Het patroon is ontstaan van Sonja als 'slechte' dochter naast haar oudere zus Marij (15 jaar), die een volgzamer en aangepaster karakter heeft. Marij zit inmiddels in de rol van bemiddelaar, afwisselend loyaal tegenover haar moeder en haar zus, met als gevolg op zijn tijd de nodige verwijten van die twee kanten jegens haar. Alle drie voelen zich hier wanhopig bij.

De vader is een paar jaar geleden met veel ruzie uit huis gegaan. Hij is bij een nieuwe vriendin ingetrokken en heeft de opvoeding van het jongere zoontje (inmiddels 11 jaar oud) min of meer opgeëist, hij heeft hem meegenomen. Beide ouders zijn sindsdien in een verbitterde strijd gewikkeld rond zeggenschap over de opvoeding van de kinderen en het betalen van alimentatie. Ze hebben nauwelijks contact meer, en áls ze het hebben verloopt dat in een sfeer van beschuldiging, afwijzing en soms zelfs bedreigingen, gevoed door wraakgevoelens. De behoefte van Marij en Sonja om hun vader op te zoeken maken de zaak voor moeder alleen maar ingewikkelder, en bevestigen haar gevoel van falen als moeder, een gevoel dat vaak de kop opsteekt. Over het algemeen is zij een hartelijke en spontane vrouw, die vaak te snel klaarstaat voor anderen, en die kan ontvlammen bij onrecht. Dan weet ze geen maat te houden in schelden en afwijzing, met spijt nadien.

In het hulpverleningstraject zijn maatregelen getroffen rond schoolhervatting en is een taakstraf opgelegd vanuit Bureau HALT. Ook is gekeken hoe moeder haar financiële problemen geordend krijgt.

Voor Sonja wordt door de verwijzer gedacht aan deelname aan een agressieregulatietraining, maar in eerste instantie is een individuele cognitieve gedragstherapie geïndiceerd met als doelstellingen andere manieren om de sociale omgeving en zichzelf waar te nemen, en om de sociale angsten die haar gedrag blijken te sturen, te hanteren. Mogelijk kan zij daarna beter profiteren van een meer gerichte training in groepsverband.

Voor moeder en beide dochters is een gezinstherapie geïndiceerd met doelstellingen als het verbeteren van de onderlinge communicatie, herstel van hiërarchische posities, en vooral: het bevorderen van onderlinge veiligheid en verbondenheid. Ook het zoeken naar een meer geaccepteerde relatie tot de ex-echtgenoot en vader is een van de doelen.

De verbondenheid blijkt in de (intake)gesprekken zeer groot, maar als zeer ambivalent ervaren te worden. De onderlinge band lijkt eerder spanningsverhogend en beklemmend dan ontspannend en geruststellend.

Soms verzuchten alle drie dat zij minder pijn en onmacht zouden ervaren door zichzelf toe te staan onverschilliger ten opzichte van elkaar.

De inzet en de wens om te veranderen zijn groot, de crisisachtige sfeer vraagt om onmiddellijk te beginnen met hulpverlening. Die wordt aangeboden in de vorm van enkele gezinsgesprekken. Wordt in het eerste gezinsgesprek geen enkele gedeelde positieve ervaring in een week gemeld, en na een drietal gesprekken enkele (ze houden keurig een scoringslijst bij), de momenten van escalatie zijn zo talrijk en overheersend dat er geen hoop op fundamentele verandering ontstaat. De momenten van openlijke afwijzing zijn zo indringend dat ze niet door spijtbetuigingen en compenserend gedrag verzacht kunnen worden.

De therapeut is tot op dit moment vooral gedragsgericht bezig geweest: hoe verloopt de cyclus van onderlinge escalatie, wie kan op welk moment anders reageren, hoe met elkaar te onderhandelen over het bereiken van werkbare afspraken en dergelijke.

Vanwege de evaluatie die na drie gesprekken gepland is – ze zullen samen terugkijken op hoe het gezin de therapie ervaart en hoe werkzaam deze is – bespreekt de hulpverlener zijn ervaringen in zijn multidisciplinair team. Daar komt onder meer naar voren dat een verbreding van de thematiek mogelijk meer aansluit bij de actuele nood en vraag van het gezin. Besloten wordt om in het volgende gesprek samen met moeder en beide dochters de huidige situatie van het gezin te inventariseren aan de hand van het Dialoogmodel. In de hoop dat ze samen zullen ontdekken waar het beste op te richten, wat de verbindende thema's zijn, en zo verlichting voor alle betrokkenen te vinden. Want duidelijk is dat alle drie erg lijden onder de huidige omstandigheden.

In het evaluatiegesprek inventariseren ze de gezinsdynamiek, waarbij op de flap-over aan de hand van het Dialoogmodel ieders visie op elkaar en de persoonlijke belevingen genoteerd worden. Zelf geeft de hulpverlener ook zijn indrukken weer, en noteert ze als ze door alle drie gedeeld en (h)erkend worden.

Gedrag	*zich afzetten tegen, elkaar verwijten maken, schelden, agressief reageren.*
L	*gezond en sterk, goede lichamelijke verzorging; gebruik van softdrugs.*
R	*snel conflict opzoeken, wantrouwende opstelling; charmante contactname.*
E	*zich miskend voelen, depressief en hulpeloos; woede, haat; pijn.*
G	*laag zelfbeeld, zichzelf als onveranderbaar zien; gedachte dat anderen macht over hen hebben, hen kunnen benadelen.*
Omgeving	
– Gezin	*turbulente gezinsgeschiedenis, door agressie getekende (en als traumatisch ervaren) huwelijksperiode en echtscheiding, zeer sterke onderlinge verbondenheid, financiële problemen;*
– School/werk	*zowel werk voor moeder als school voor beide dochters verloopt moeizaam.*

– Vrije tijd/sociale contacten	*relaties met partners en vrienden verlopen van heftig en intens tot verbitterde afwijzing.*
Regelmogelijkheden	*zowel als gezinsleden ten opzichte van elkaars als gezin ten opzichte van de omgeving raken ze herhaaldelijk ontregeld. Het broze evenwicht wordt in stand gehouden door grote onderlinge verbondenheid. Binnen de verschillende domeinen is weinig differentiatie, de afstemming is gering.*

Omdat zowel de moeder als de twee dochters zich in het figuurtje van het Dialoogmodel herkennen, wordt duidelijk dat individuele thema's, meer dan zij zich tot nu toe bewust waren, gedeeld worden en daarmee gezinsthema's zijn. Niet eerder is voor henzelf zo inzichtelijk geworden dat moeder en Sonja vergelijkbare emoties (E) kennen (zoals zich miskend, depressief en hulpeloos voelen, naast momenten van woede, haat en pijn), dezelfde cognities (G) delen (zoals een laag zelfbeeld, en opvattingen als: 'wij kunnen toch niet veranderen, anderen benadelen mij, anderen hebben meer macht'), en overeenkomstig gedrag tonen (zich afzetten tegen, verwijten maken en schelden, agressief reageren). En dat deze gevoelens en gedachten het verstoorde regelmechanisme eerder in stand houden. De relationele stijl is eerder conflict- dan oplossingzoekend. En voor Marij wordt duidelijk hoe zij haar eigen emoties en cognities (die in feite vergelijkbaar zijn) probeert weg te drukken en te negeren, in de hoop een en ander beter te laten lopen, maar zonder resultaat. Zij richt zich vooral op instandhouding van het broze onderlinge evenwicht. In lichamelijk opzicht zijn alle drie vrouwen gezond en sterk, bewust van hun aantrekkelijkheid, die zij ondanks alle ellende die zij ervaren koesteren door goede verzorging en modieuze kledij. Zij lopen wel risico in het gebruik van softdrugs als regulerend middel ter verzachting van de scherpe kanten. Bij het bespreken van de omgevingsfactoren wordt stilgestaan bij de turbulente en vaak als onveilig ervaren gezinsgeschiedenis, en bij de huidige positie van vader/echtgenoot en broer/zoon. De onmacht in de contacten met school wordt door hen beter begrepen vanuit het fundamentele wantrouwen dat er is. Ze kunnen zich niet goed voorstellen dat anderen er ook kunnen zijn om mee naar oplossingen en ondersteuning te zoeken. Via voorbeelden die zij zelf geven, wordt uitgetekend hoe zij als gezin te vaak in een neerwaartse spiraal van escalatie terechtkomen. Door die heftige gedragsescalaties is er geen ruimte meer om bij zichzelf, en al helemaal niet bij de ander stil te staan (oftewel te reflecteren, begrip te tonen, enz.). Alle drie gezinsleden zijn het ermee eens dat bij hen in hun gedachten en in hun gedrag deze cirkel doorbroken moet worden, of nog liever, tot een opwaartse spiraal omgebogen moet worden. Het uitschrijven van alle aspecten van het Dialoogmodel is een hele confrontatie voor hen en het versterkt de wens om hun vertrouwde patronen te doorbreken.

Overwegingen

In de ambulante setting zetten we het Dialoogmodel daar in waar verwacht wordt dat het de communicatie bevordert. Bij een eenduidige en geïsoleerde hulpvraag (bijvoorbeeld medicatiecontrole van methylfenidaat bij ongecompliceerde ADHD, of behandeling van een inperkende fobie voor honden) is een uitleg via het model eerder complicerend en verwarrend: er worden onnodig variabelen genoemd die geen rol spelen bij de verduidelijking van de problematiek en de aanpak. Ons devies is: hoe eenvoudiger en korter, hoe beter, en dan géén Dialoogmodel gebruiken.

Daar waar sprake is van complexe en met veel aspecten samenhangende problematiek, en/of meervoudige behandelvoorstellen, biedt het model de gewenste eenvoud en eenduidigheid. Daarom maken we tijdens behandeling in een behandelgroep in principe altijd gebruik van het Dialoogmodel; de manier waarop komt in het volgende hoofdstuk aan bod. Vooral de mogelijkheid om naast de problematische kanten evenzeer de sterke en beschermende factoren een plaats te geven vergemakkelijkt het gesprek over het vervolg, en het bereiken van een behandelingsovereenkomst waar alle partijen zich in kunnen vinden.

Tot nu toe zijn vooral voorbeelden gegeven van hoe wij het model toespitsen op individuele problematiek, ingebed in de omgeving. Via het model erkennen we expliciet de aangemelde persoon als symptoomdrager, en erkennen wij tevens de worsteling van de persoon en ieder uit diens omgeving om met de ontstane situatie om te gaan. Op deze manier definiëren wij individuele problematiek in een relationele context. Met het gebruik van het Dialoogmodel treedt daarmee vaak al een verschuiving in betekenisverlening op over hoe naar de gepresenteerde problemen te kijken, hoe ze te plaatsen, en hoe ze te benaderen. Daarmee wordt een eerste aanzet tot verandering gegeven.

Op deze manier zijn wij als hulpverlener niet zozeer gericht op de stoornis als op de persoon en zijn omgeving. Het brengt ons in een meer gelijkwaardige positie met de hulpvrager, waarin gezamenlijk overwogen kan worden welke stappen wenselijk en haalbaar zijn.
In het laatste voorbeeld, van 'Felle Sonja', komt naar voren dat een volledig gezinsgerichte inventarisatie eveneens goed mogelijk is, waarmee inzicht ontstaat (en dat is wellicht het belangrijkste) waar de krachten van het gezin liggen, inzicht dat nodig is om het tot nu toe vastlopende regelmechanisme anders aan te pakken.
Het Dialoogmodel maakt het op deze manier mogelijk meer zicht op alle processen te krijgen. Wellicht helpt het samen invullen van het schema letterlijk om meer afstand te nemen van de eigen situatie in plaats van er als betrokkenen 'middenin te zitten'.

Het Dialoogmodel als hulpmiddel in een behandelgroep

Inleiding

Bij een klinische behandeling op een afdeling psychiatrie of bij een plaatsing binnen een behandelgroep van een instelling voor jeugdhulpverlening worden een jongere en zijn gezin met enorme consequenties geconfronteerd. Op een moment in zijn leven waarop het niet zo goed met hem gaat (hij is ontregeld) gaat de jongere wonen in een geheel nieuwe omgeving met allerlei beroepskrachten om hem heen en met groepsgenoten die elk op hun beurt worstelen met eigen problematiek. De ouders/verzorgers moeten hun kind voor behandeling en opvoeding toevertrouwen aan voor hen onbekende personen. In een fase waarin het niet goed met hun kind gaat, moeten zij hun zorg op een andere manier gaan vormgeven: meer op afstand, met minder directe zeggenschap.

Het is de taak van de hulpverleners om zo zorgvuldig mogelijk met dit gegeven om te gaan. Vanaf de eerste kennismaking moet gestreefd worden naar helderheid over elkaars posities en verantwoordelijkheden (van jongere, gezin en hulpverleners), welke hoop er is en waarnaar gestreefd wordt, welke doelen hierbij geformuleerd kunnen worden, en op welke manier en binnen welke termijn deze bereikt kunnen worden via een behandelingsovereenkomst (BHO).

Hierbij is het Dialoogmodel goed te gebruiken. In de voorgaande hoofdstukken is besproken hoe.

Het model is verder voor de hulpverleners een hulpmiddel om hun handelen onderling zo goed mogelijk op elkaar af te stemmen in het ontwikkelen en uitwerken van een gemeenschappelijke visie en behandelingsplan op basis van de BHO. Daarmee kunnen ze de jongere en diens gezin eenduidig tegemoet treden.

Dit moet voor deze laatsten ook merkbaar en voelbaar zijn. Als zij uit verschillende monden verschillende (of erger: tegengestelde) verhalen horen, doet dat de samenwerkingsrelatie bepaald geen goed.

In het eerste voorbeeld hierna komt naar voren hoe een globaal gebruik van het Dialoogmodel richting geeft aan de dialoog tussen en het handelen van groepswerkers.

Impulsieve Bernadette

De 16-jarige Bernadette wordt acuut opgenomen op een jeugdpsychiatrische afdeling, met een inbewaringstelling (IBS) na een impulsieve inname van een grote hoeveelheid antidepressivum. Een verbroken relatie (met een vriendje) is volgens haar de aanleiding geweest. De informatie bij opname is als volgt. Zij is bij de verwijzer bekend met borderlineproblematiek, ze zou op haar armen krassen en last hebben van eetbuien. Er is geen sprake van middelenmisbruik en Bernadette is lichamelijk gezond. In het verleden is ze seksueel misbruikt. Haar ouders zijn gescheiden en het contact is verbroken. Ze heeft in verschillende leef- en crisisgroepen gewoond de afgelopen jaren. Ze heeft twee jaar VWO gevolgd, maar haakte daarna af.

Bernadette is agressief geweest tegenover hulpverleners de laatste dagen. Er waren geen afspraken meer te maken. De verwijzer is bang voor nieuwe suïcidepogingen, waarna de IBS volgde. Tijdens het opnamegesprek op de gesloten afdeling wordt deze informatie met Bernadette besproken. Het meeste klopt wel volgens haar, maar ze vindt wel dat de verwijzer onnodig ongerust is. Ze wil niet meer dood. Ze zit niet op deze opname te wachten, ze wil op kamers. Ze is echter slim genoeg om te begrijpen dat ze niet zomaar weg kan. Ze heeft ook geen plek waar ze heen kan. Uitgelegd wordt dat onze opdracht allereerst is het inschatten en afwenden van mogelijk gevaar. Verder is ons gevraagd om een diagnostische inschatting en een behandeladvies. Dat zijn de hulpvragen van de verwijzer. Bernadette vindt het wel best. We vragen haar wat zij van ons verwacht, wat zij nodig heeft. Zij geeft aan dat ze vooral rust wil en zo snel mogelijk weer wil vertrekken. We gaan met haar na wat 'rust' voor haar betekent. Bernadette heeft geen zin in lange gesprekken. Ze wil wel meedoen met het afdelingsprogramma, maar zich ook terugtrekken als ze daar behoefte aan heeft, dat heeft ze zo nu en dan gewoon nodig. We constateren samen dat het goed is om afspraken te maken die zowel aan haar behoeften (genoeg rust, niet te veel gesprekken en zo kort mogelijke opname) als ook aan onze taakstelling (voldoende veiligheid, diagnostiek en behandeladvies) tegemoetkomen.

De eerste afspraken worden als volgt gemaakt. Door de IBS zijn we min of meer gedwongen met elkaar op te trekken. Om onze doelen te bereiken kunnen we het beste zo veel mogelijk samenwerken, het samen 'regelen'. Omdat we elkaar nog niet kennen, kunnen we alleen op elkaars gedrag afgaan, wat we zeggen en doen.

Gedrag wordt door jezelf bepaald, maar hangt ook af van wat anderen doen, van de omstandigheden. We maken dat duidelijk met de tekening van het Dialoogmodel. We tekenen de figuur die Bernadette voorstelt, met de rechthoek eromheen, de afdeling. Dat is voorlopig haar Omgeving. Dan tekenen we de pijl met het woordje Gedrag en de pijl naar de Omgeving. Van daar loopt weer een pijl terug naar haar. Zo geven we de onderlinge cirkelvormige invloed op elkaar weer.

Aan de hand van een voorbeeld laten we met dit plaatje zien hoe het werkt. Stel, Bernadette trekt zich stilletjes terug (Gedrag). Dat kan dan komen door iets wat ze denkt of voelt (in haar hoofd). Het kan ook zijn dat bijvoorbeeld drukte op de afdeling (de pijl vanuit de Omgeving) iets met haar doet en tot dit gedrag leidt. Het terugtrekgedrag heeft weer effect op de groepsleiding van de afdeling (de pijl naar Omgeving). Deze zal het misschien even aanzien maar dan waarschijnlijk naar haar toegaan en vragen of er iets is. Ze zullen vragen of ze op de een of andere manier kunnen helpen. Of deze benadering voor haar prettig of verstorend is, bepaalt hoe ze hier weer op reageert, enzovoort. Zo komt aan de orde dat het handiger is als ze kort aangeeft dat ze even alleen wil zijn en met de groepsleiding controlemomenten regelt dan dat ze zonder toelichting naar haar kamer verdwijnt. Als blijkt dat Bernadette dit voorbeeld gemakkelijk oppikt, gaan we met haar na welke omgevingsfactoren problematisch of juist helpend kunnen zijn. Welk gedrag kunnen we van haar verwachten en welke reactie is dan het meest geschikt. Ook proberen we na te gaan welke omstandigheden steunend kunnen zijn en welke ontregelend. Duidelijk wordt dan bijvoorbeeld dat lichamelijk contact voor haar bedreigend is en dat ze het slecht kan hebben als de ander lang zwijgt of zich een beetje wazig uitdrukt. Ze heeft behoefte aan duidelijkheid. Vragen naar wat ze denkt of voelt, ziet ze voorlopig niet zitten. Ten aanzien van eventuele zelfbeschadigende gedragingen worden afspraken gemaakt over de mate waarin ze dit zelf weet te regelen en niet. We maken haar duidelijk dat ze meer verantwoordelijkheid zal krijgen naarmate ze laat zien dat ze dat ook aankan. De inschatting van de mate waarin afspraken te maken zijn, zal haar bewegingsvrijheid en de mate van controle bepalen. Waar kan zij het zelf regelen, waar is meeregelen nodig. Het plaatje wordt dus in eerste instantie globaal gebruikt, vooral op (interactioneel) gedragsniveau. We maken op deze manier samen met haar een eerste sterkte-zwakteanalyse en verhelderen tegelijkertijd onze opstelling en werkwijze.

Met de groepsleiding wordt, gezien de mogelijke persoonlijkheidsproblematiek, wel naar het gehele plaatje gekeken, zodat onderling goede en eenduidige afspraken gemaakt kunnen worden hoe Bernadette tegemoet te treden.

Gedrag	*onlangs inname van grote hoeveelheid medicatie (suïcidepoging), krassen, eetbuien, fysiek agressief naar anderen.*
L	*lichamelijk gezond, op dit moment problemen rond eetlust, slaap, activiteitenniveau.*
R	*liefst op zichzelf, ervaart lichamelijke nabijheid als bedreigend.*
E	*sterk wisselende stemmingen, separatieangsten.*
G	*goed verstand, neiging tot zwart-wit denken, wil leven (geen doodswens).*
Omgeving	
– Gezin	*ouders gescheiden (en niet meer beschikbaar), opgegroeid in verschillende leef- en crisisgroepen, seksueel misbruikt in verleden, weinig verbondenheid met anderen (op dit moment breuk met vriendje, tijdelijk?);*
– School/werk	*mislukkende schoolcarrière;*
– Vrije tijd/sociale contacten	*geen duidelijk zicht op.*
Regelmogelijkheden	*op dit moment wordt haar situatie bepaald door de uitgeschreven IBS: zij wordt tijdelijk niet in staat geacht voldoende verantwoordelijk te zijn voor haar eigen leven. Gezien haar levensgeschiedenis en de beperkte verbondenheid met anderen is ze sterk op zichzelf aangewezen en heeft ze nauwelijks als betrouwbaar ervaren steunpunten die mee kunnen regelen. Het opbouwen en versterken van eigen regelmogelijkheden zal een langdurig proces worden.*

We gaan op grond van de voorinformatie voorlopig uit van in elk geval problemen op Emotioneel en Relationeel niveau. Op Lichamelijk en cognitief (Gedachten) vlak lijkt zij relatief sterk. Er zijn mogelijk slaap- en eetproblemen, maar haar conditie lijkt goed. Bernadette maakt een slimme indruk, al wordt een zekere mate van zwart-witdenken verondersteld. De cognitieve benadering lijkt in eerste instantie het meest aangewezen. Langs die weg zal zij gestimuleerd worden zo veel mogelijk mee verantwoordelijk te blijven. De veronderstelde emotionele en relationele problematiek vraagt waarschijnlijk om een neutrale, qua afstand goed gedoseerde, op de realiteit gerichte één-op-éénbenadering. Het besef dat er mogelijk een gemis aan basisvertrouwen is, weinig afgrenzing (tussen haarzelf en de ander) bestaat en separatieangst speelt, wordt via het Dialoogmodel verbeeld. Haar vermogen tot integratie lijkt beperkt. Het zal de groepsleiding helpen zich bij eventuele gedragsontregeling te realiseren dat rekening gehouden moet worden met de intra- en interpersoonlijke 'regelproblemen', en dat eigen reacties hierop afgestemd moeten worden. Binnen het emotioneel domein speelt mogelijk toch een depressieve stemming. Dit vraagt om observatie van en inspelen op de kernsymptomen, die deels ook het lichaam betreffen (eetlust, slaap, activiteitenniveau). Een actieve inschatting van risico op zelfbeschadiging/suïcidaliteit is nodig. De analyse op papier en de verduidelijking van wat Bernadette zelf en wat de groepsleiding mag/kan regelen (gedeelde verantwoordelijkheid), bieden haar kansen voor eigen inbreng. Ook helpt het de groepswerkers consistent te zijn in hun benadering. Ze zijn zich meer bewust van de reikwijdte van hun opdracht veiligheid te bieden. Ze zullen eerder ruimte geven om vooruitgang te boeken, al gaat dat wellicht gepaard met risico's. Daarmee kan op de afdeling begonnen worden. Na enkele dagen opname kan verder gesproken worden over verdere diagnostische overwegingen en hoe Bernadettes toekomst in relatie tot anderen vorm te geven en hoe mogelijk belangrijke anderen bij haar behandeling te betrekken.

Bij een reguliere opname geeft het Dialoogmodel meer uitgewerkte handvatten aan de groepswerkers, zoals uit het volgende voorbeeld blijkt.

Zichzelf verwaarlozende Nico
Nico wordt met diagnostische vragen opgenomen op een jeugdpsychiatrische afdeling, maar vooral ook in de hoop dat de stagnatie in zijn ontwikkeling doorbroken kan worden. Gehoopt wordt in ieder geval dat zijn zindelijkheidsproblemen overwonnen kunnen worden.

Tot zijn opname woonde hij in een stiefgezin, waaruit de vader vertrokken is en waarin zijn moeder het erg moeilijk heeft om het hoofd boven water te houden: vier kinderen op te voeden, en beperkte financiële middelen. Nico ging wel naar het vmbo, kwam daar redelijk mee, maar had geen aansluiting bij zijn klasgenoten. Hij stond meestal als een zonderling wat apart, zonder zichtbare emoties, hem leek het wel best zo, ook al werd hij vaak gepest. Ook thuis zonderde hij zich veel af, hij had geen vrienden, was niet bij een club of vereniging aangesloten. In huis hielp hij zijn moeder af en toe met huishoudelijke taken, hij was zorgzaam en stond klaar voor de jongere broertjes en zusjes.

Als kind van ongeveer een jaar oud is hij door zijn stiefouders in huis genomen, ze zijn familie van zijn biologische moeder die een ongeregeld leven leidde en verslavingsproblemen had. Nico weet wel wie zijn moeder is, hij heeft echter nooit contact met haar willen opnemen, en zij evenmin met hem. Zijn biologische vader is onbekend.

Ondanks zijn 14 jaar is Nico nog nooit zindelijk geweest. Bijna iedere nacht plaste hij in bed, een enkele keer had hij overdag ontlasting in zijn broek. Hij bleef er zelf onverschillig onder, hij verschoonde zich onregelmatig en dan nog niet eens goed. Vaak stonk hij, waardoor anderen op een afstand bleven. Zijn stiefmoeder ging er óf zeer verwijtend, óf negerend verwaarlozend mee om. Er werden via de huisarts wel pogingen ondernomen om hem zindelijk te maken (zowel met medicatie als door training met een plaswekker), maar de behandelingen werden niet consequent uitgevoerd en al snel zonder evaluaties afgebroken. Een ambulante gedragstherapeutische behandeling op een RIAGG werd evenmin doorgezet. Dit bleek een gezinspatroon te zijn: het ontbreekt niet aan goede wil, maar door de zorgen en taken van alledag komt het er allemaal niet van.

Ondersteunende gezinsbegeleiding bracht verlichting, het huishouden kwam meer op orde, moeder trad pedagogisch beter op, maar Nico ging er niet zichtbaar op vooruit, en na afsluiting van de begeleiding kon de moeder op de ingeslagen goede weg niet op eigen kracht verder gaan.

De huisarts bleef zich zorgen maken over het gezinsfunctioneren en vooral over de ontwikkeling van Nico (de andere kinderen leken veerkrachtig genoeg om ook in minder gunstige omstandigheden hun ontwikkelingspad binnen de normen te doorlopen). Hij schakelde nogmaals Bureau Jeugdzorg in. Daar stelde men toen vanwege een mogelijke contact- en/of hechtingsstoornis bij Nico en de blijvend stagnerende ontwikkeling een opname binnen de jeugdpsychiatrie voor. Zowel Nico als zijn stiefmoeder stemden hier zonder veel vragen of bedenkingen mee in, zich ervan bewust dat het zo niet verder kon en dat zij zelf onvoldoende bij machte waren om de bestaande situatie te doorbreken.

Tijdens een kennismakingsgesprek, voorafgaand aan de opname, wordt in het algemeen de nodige praktische informatie gegeven over wat er allemaal bij een opname komt kijken (met een korte rondleiding door het gebouw) en worden daarnaast, samen met de verwijzer, de achtergronden van de keuze voor deze intensieve behandeling en van de actuele situatie voorlopig samengevat en geïnventariseerd, mét alle twijfels en verwachtingen. In principe gebruiken we hier al de termen van het Dialoogmodel zoals 'ontregeld', 'meeregelen', 'sterke en zwakke kanten in verschillende domeinen', zonder die direct concreet uit te werken. In principe geven we ook de tekst 'Goed geregeld!?' al mee (zie hoofdstuk 2), of doen dat na het eerste uitgebreidere gesprek tijdens de opname. Dan willen we ook een eerste gezamenlijke invulling maken, die in het eerstvolgende gesprek met ouders/verzorgers en de jongere besproken en aangepast kan worden, om daarna de behandelingsovereenkomst vast te stellen.

Het gesprek met Nico en zijn moeder is langs deze lijnen verlopen, waarbij het Dialoogmodel voorlopig werd ingevuld, zoals in de voorgaande hoofdstukken is toegelicht. Dit plaatje geven we nu niet weer, in dit hoofdstuk willen we immers vooral stilstaan bij het gebruik van het Dialoogmodel in een behandelgroep.
Het plaatje gaf wel meteen houvast voor de manier van kijken naar en omgaan met Nico binnen de groep door de groepswerkers. De opname was in eerste instantie bedoeld om hem diagnostisch 'beter in kaart' te brengen en om na te gaan waar ingangen voor een meer gerichte behandeling aanwezig waren en welke.
Iedere groepswerker is zich bewust van de opdracht om zicht te krijgen op de relationele aspecten (R-domein) en de cognitieve vaardigheden (G-domein) van Nico (zoals het zich verplaatsen

in de belevings- en denkwereld van anderen) vanwege vragen rond hechting en mogelijke aspecten van een contactstoornis. De ontlastingsproblemen (L-domein) vereisen een nauwkeurig bijhouden van zowel het misgaan zelf (plaats, frequentie) als Nico's manier van omgaan met de gevolgen (negeren, zich verschonen). Vanwege de onduidelijkheid van de emoties bij Nico zal door de groepswerkers extra aandacht worden besteed aan het zicht krijgen op wat hem beroert (E-domein). Ze zullen proberen vast te stellen of, en zo ja onder welke omstandigheden (Omgeving), Nico enige openheid kan en durft te geven. Zal het omgaan met zijn Omgeving binnen een behandelgroep met andere jeugdigen en met groepswerkers hetzelfde verlopen als binnen het gezin?

Tijdens de eerste drie weken van opname vinden verschillende aanvullende onderzoeken plaats, alle erop gericht om bovenstaande vragen en verschijnselen nader te inventariseren en te specificeren. Bij de eerste behandelbespreking in de staf worden de observatiegegevens en het verloop van gesprekken met de groepswerkers en de onderzoeksresultaten van psychomotorisch therapeut, psychiater en testpsycholoog geordend volgens het Dialoogmodel.

Gedrag	*stelt zich behulpzaam op bij corveetaken, kan (dreigende) conflicten met groepsgenoten redelijk goed hanteren, respecteert afdelingsregels; komt afspraken over zindelijkheidsproblemen niet goed na, is slordig in allerlei dingen (kamer, eten), verzorgt zichzelf slecht.*
L	*maakt sportieve indruk, lichaamsontwikkeling komt overeen met normen voor zijn leeftijd, geen functiestoornissen gevonden die de zindelijkheidsproblemen kunnen verklaren; zindelijkheidsproblemen (bedplassen, incidenteel broekpoepen), astmatisch (tweemaal last gehad, gebruikt dan medicatie van kinderarts), bijna dagelijks hoofdpijnklachten (kreeg via huisarts medicatie), bewegingsonrust, zwakke fijne motoriek, zwak concentratievermogen, heeft weinig zicht op eigen lichaamssignalen (bij sport), matige lichamelijke verzorging (ADL).*
R	*goed oogcontact, vriendelijk, vermijdt conflicten, is hulpvaardig; heeft moeite met het voeren van een gesprek (weet uit zichzelf weinig te zeggen), zoekt anderen nauwelijks op en houdt initiatief van anderen af, toont weinig mimiek (ondoorgrondelijk).*
E	*verliest zich niet in emoties, is gelijkmatig gestemd, niet bangelijk of angstig; gespannen houding waaraan waarschijnlijk emoties ten grondslag liggen die hij niet toont of benoemt, of zelfs ontkent.*

G | *bovengemiddelde verstandelijke capaciteiten, inzicht in wat anderen denken en voelen, goed georiënteerd in tijd, plaats en persoon; vaak traag denkend, wisselend zelfbeeld (dikwijls negatief), geen toekomstbeeld, vermijdende en ontkennende denkstijl, geen lijdenslast rond ontlastingsproblemen, piekert over verleden zonder dat hij dit toelicht.*

Omgeving

– Gezin/groep | *groepsgenoten hebben hem snel geaccepteerd en lijken hem te respecteren, hoewel ze weinig met hem optrekken (zien ze hem als mysterieus persoon waarmee ze nog niet weten waar ze aan toe zijn?). Bij groepswerkers roept hij zowel ontferming op gezien zijn problematiek en voorgeschiedenis, maar ook irritaties over het niet nakomen van afspraken, die hij wel met overtuiging maakt.*
Moeder en kinderen zijn tweemaal op bezoek geweest; weinig onderlinge affectie was zichtbaar, zij leken zich wat onthand te voelen in deze situatie. De moeder doet geen navraag, Nico belt op de afgesproken tijden, en dat klinkt dan als een formeel contact.

– School/werk | *hij gaat nog niet naar school (was administratief nog niet rond). Hij vindt ontspanning in computerspelletjes en 'surfen' op het net.*

– Vrije tijd/sociale contacten | *er hebben zich geen vrienden gemeld.*

Regelmogelijkheden | *hoewel Nico op deelgebieden een gezonde en prettige jongen is, is hij niet in staat tot voldoende innerlijke afstemming, evenmin kan hij zich voldoende toevertrouwen aan anderen om samen naar hanteringsmogelijkheden te zoeken. Stagnatie blijft denkbaar. Vanuit het stamgezin worden nauwelijks stimulering en groeimogelijkheden geboden; dat wordt te zeer in beslag genomen door dagelijkse besognes rond huishouden en inkomen.*

Tijdens de stafbespreking wordt op basis van deze ordening en ieders ervaring in samenhang met de al bekende anamnestische gegevens geconcludeerd dat er niet direct sprake is van een psychiatrisch toestandsbeeld, maar meer, en vooral, van een stagnerende ontwikkeling op alle domeinen, in wisselwerking met een al lang overvraagde gezinssituatie waarin zich voor Nico ingrijpende verlatingsmomenten (biologische moeder en stiefvader) hebben voorgedaan. Er zijn geen aanwijzingen voor een contactstoornis, op dit moment wel enkele maar niet afdoende aanwijzingen voor een hechtingsstoornis in de zin van instrumentele contactname. Er is eerder sprake van een vermijding van hechting uit angst voor verlating. Nico lijkt zich neergelegd te hebben bij de situatie, hij toont weinig aandrang om zijn eigen ontwikkeling op te pakken. Verder zijn er argumenten om te denken aan een aandachtstekortstoornis zonder hyperactiviteit. Besloten wordt dit laatste nader te bekijken op het moment dat hij weer regulier naar school gaat en gewend is in de groep.

Tijdens de stafbespreking wordt nagegaan wat de consequenties zijn van het bovenstaande voor de bejegening van Nico. Dit wordt vertaald in een concrete aanpak, die per domein wordt uitgeschreven als handvat voor de afdeling. Zo kunnen, bij het raadplegen van het dossier, in één oogopslag via het plaatje van het Dialoogmodel de belangrijkste richtlijnen en afspraken afgelezen worden. Voor een optimale afstemming en overeenstemming met Nico en zijn moeder worden deze ook met hen besproken.

In het eerste evaluatiegesprek met Nico en zijn moeder wordt bovenstaand plaatje voorgelegd, een verfijning van de eerdere, voorlopige versie. Zowel Nico als zijn moeder reageren getroffen. Ze vinden dat het klopt, terwijl beiden het liever niet onder ogen zouden zien, onder meer vanwege schaamte- en schuldgevoelens, zo wordt duidelijk. Beiden blijken er ook van overtuigd dat nu een behandeling ingezet en doorgezet moet worden en dat dit intensief moet gebeuren. Wij stellen voortgezette klinische behandeling voor, wat beide 'partijen' ruimte biedt om tot ontwikkeling te komen.
Aan de hand van het Dialoogmodel is gemakkelijk aan te geven wat wij willen bieden: een stimulans binnen de groep voor het uitdrukken van gedachten en emoties door duiding en voorbeeldgedrag van de groepswerkers (zoals: 'ik zie dat dit je raakt' of 'ik zie dat dit je boos maakt'). (Als we een contactstoornis hadden vastgesteld, zouden de groepswerkers uit het Dialoogmodel kunnen aflezen dit juist niet te doen.) Daarnaast een individuele psychotherapie om te leren emoties en gedachten te verwoorden (en stil te staan bij de basisthema's verlating en zelfverwerkelijking). Deze voorstellen worden toegelicht bij het Emotioneel en het Gedachtedomein. In ieder geval wordt al begonnen met een trainingsprogramma voor de ontlastingsproblemen, en met psychomotorische therapie om meer vertrouwd te raken met de signalen en mogelijkheden van het eigen lijf (aangrijpend op het Lichamelijk domein). Vooral de groepswerkers zullen met Nico nagaan hoe hij, door in te gaan op de mogelijkheden van contacten binnen de leefgroep met zijn medegroepsleden, in zijn leefwereld en belevingswereld nieuwe ervaringen op kan doen die bijzonder en ongekend voor hem zijn (daarmee de sterke kanten binnen het Lichamelijk domein versterkend, en de zwakke aspecten compenserend).

> Met de moeder kan worden afgesproken dat gezocht moet worden naar wegen om zich te versterken, niet alleen in het belang van Nico, ook voor zichzelf en de andere kinderen. Daarvoor wordt ouderbegeleiding aangeboden en afgesproken, waarbij vaker gemeenschappelijke gesprekken tussen moeder en Nico (in aanwezigheid van diens mentor) gepland gaan worden om hun onderlinge betrokkenheid op een andere dan de huidige, voor beiden niet bevredigende, manier tot uitdrukking te leren brengen. Voor de psychosociale (financiële) problemen zoekt moeder contact met maatschappelijk werk.

Dit voorbeeld laat ten eerste zien hoe een klinisch behandelteam aan de hand van het Dialoogmodel een gedifferentieerde gemeenschappelijke visie kan ontwikkelen, en op basis daarvan weet waar en hoe daar aandacht aan is te besteden. Bij Nico weten de groepswerkers dat hij op alle domeinen ontwikkelingsachterstanden heeft opgelopen die stimulering en aanleren van nieuwe vaardigheden behoeven, zodat ze niet in ontferming of irritatie over vervelend gedrag hoeven te blijven steken. Ontferming zou ontwikkeling immers weinig stimuleren en boosheid over zijn gedrag zou zijn negatief gekleurde zelfbeeld voor hem enkel bevestigen. Het zou zijn gedachte (cognitie) dat je van anderen niet veel hoeft te verwachten alleen maar onderstrepen. Door de diagnostische overeenstemming weten ze ook dat het verantwoord is om zo te handelen. Zou een contact- of hechtingsstoornis gediagnosticeerd zijn dan zouden de domeinen een ander beeld geven en zou een andere benadering aangewezen zijn.
Het Dialoogmodel maakt bovendien de tussen de hulpvragers (Nico en zijn gezin) en de hulpverleners overeengekomen afspraken overzichtelijk en brengt de overeenstemming in visies in beeld. Alle betrokkenen weten wat, waarom, door wie, op welk moment gedaan wordt: dat is vervat in een helder en transparant kader.

Overwegingen

Groepswerkers werken vaak onregelmatig, parttime en in verschillende diensten. Ze vallen soms in bij andere groepen en zijn afhankelijk van een goede onderlinge overdracht. De opgenomen jongeren krijgen zo te maken met een groot aantal groepswerkers met verschillende achtergronden en persoonskenmerken. De hoop en bedoeling is dat deze wisselende ontmoetingen verrijkend en leerzaam zijn. De een staat meer open voor de sterke kanten, de ander meer voor de zwakke kanten van de jongere en zijn omgeving. Dit is een gezond proces, dat pas verstorend gaat werken als het niet zichtbaar en doorgesproken wordt. Via het Dialoogmodel krijgen deze aspecten hun plaats en zijn ze beter hanteerbaar.

Deze ambivalenties zijn vaak niet anders dan de worsteling van de jongere zelf en zijn gezin. Hoe beter het de hulpverleners lukt hier een weg in te vinden, hoe meer het gezin ervan kan profiteren: zij zien dat ambivalenties overwonnen kunnen worden en op welke manier, zeker als deze geplaatst worden binnen de omvattende visie en opvattingen van aanpak die in het plaatje van het Dialoogmodel voor de betrokken jeugdigen zijn vastgelegd. Dit plaatje is de 'rode draad', het verbindende element.

In bovenstaande voorbeelden zijn globale invullingen beschreven. Vaak is het nodig het behandelingsplan voor de afdeling veel specifieker uit te werken, met duidelijke voorschriften over wat wel en wat niet te doen met betrekking tot de verschillende domeinen. Een dergelijke uitwerking gaat het kader van dit boek te buiten. We hebben in dit hoofdstuk vooral willen aangeven waarom en hoe het Dialoogmodel in de groep ingezet kan worden.

Op een afdeling/behandelgroep kan het model tevens gebruikt worden bij werkbegeleiding of intervisie. Groepswerkers kunnen het plaatje voor zichzelf (of door collega's laten) invullen. Het figuurtje stelt dan henzelf voor en de Omgeving wordt gevormd door de jongere, de groep en/of collega's. Hoe je handelt, hangt niet alleen af van je professionele kennis, maar ook van hoe fit je bent, van je relationele stijl, je gemoedstoestand en de situatie waarin je je bevindt. Zelf hebben we de ervaring dat het heel verfrissend kan zijn om je eigen gedrag zo eens tegen het licht te (laten) houden!

Bij een opname of plaatsing in een groep kan het Dialoogmodel de schakel en de verbinding tussen alle partijen zijn: de jeugdige, zijn gezin, de groep/afdeling, alle groepswerkers en alle overige behandelaren.

De hoofdbehandelaar en/of de gezinsbegeleider zijn het scharnierpunt: zowel in de behandelings-/voortgangsbesprekingen als in het overleg met de jeugdige en diens gezin worden door hen in dialoog steeds opnieuw de overwegingen zoals vervat in het Dialoogmodel bijgesteld en vertaald in concrete doelstellingen en werkwijzen van alle betrokkenen.

Het Dialoogmodel als hulpmiddel bij evaluatie

8

Inleiding

In het voorbeeld van Sonja in hoofdstuk 6 is duidelijk gemaakt hoe het Dialoogmodel bij gelegenheid als evaluatiemiddel gebruikt wordt. Het model systematisch toepassen bij evaluatie kan natuurlijk ook. Als de behandelingsovereenkomst en het behandelingsplan aan de hand van het Dialoogmodel zijn vormgegeven en vastgesteld, biedt dit een goede 'kapstok' om het verloop van de behandeling te evalueren. Afhankelijk van de werksetting en de werkwijze van de hulpverlener kan dat bij:
- het facultatief (multidisciplinair) behandeloverleg van hulpverleners onderling;
- een reguliere voortgangsbespreking van de behandeling binnen een team;
- het evaluatiemoment tussen hulpvragers en hulpverleners.

In dit hoofdstuk bespreken we twee voorbeelden van zo'n evaluatiemoment met hulpvragers.

Dwangmatige Suzanne

De 10-jarige Suzanne heeft het afgelopen jaar een uitgebreid dwangmatig gedragspatroon opgebouwd. Overdag functioneert zij redelijk, op school kan ze voldoende mee en heeft ze genoeg sociale aansluiting. Balletles volgt ze trouw na school. Het gezinsleven kent weinig strubbelingen. Bij het naar bed gaan controleert ze eerst alle deuren en ramen, de rolluiken moeten dicht zijn, enkele binnendeuren moeten op een bepaalde afstand open staan. Dit alles werkt ze in een strikte volgorde af. Daarbij telt ze bij verschillende controles tot 30, voordat ze verder kan. De ouders hadden het eerst niet zo in de gaten. Toen ze er commentaar op gingen geven, merkten ze steeds meer dat Suzanne het niet meer kon verbloemen en vaak meer dan een uur nodig had voordat ze in bed kroop. Als de ouders het dwanggedrag proberen te verhinderen, raakt ze in paniek of reageert ze boos. Als het te laat wordt, nemen ze haar bij hen in bed, zodat de nachtrust niet verder verstoord raakt. Dan lukt het grote delen van haar 'rituelen' achterwege te laten. Als de ouders het op een gegeven moment niet meer kunnen aanzien, nemen ze de stap naar professionele hulp.

In ons multidisciplinaire team krijgen we de indruk dat het dwanggedrag vooral is aangeleerd en tot een gewoonte is geworden als gevolg van een slordigheid van de ouders, die tweemaal zijn vergeten de achterdeur 's nachts te sluiten. Bij Suzanne kan niet direct een verstoorde ontwikkeling vastgesteld worden. Ook de ouders maken een redelijk geïntegreerde, stabiele indruk, hoewel ze aangeven zelf ook wat bangelijk te zijn, en nogal op prestatie gericht.

In het adviesgesprek bespreek ik als ouderbegeleider onze analyse van de problemen met de beeldspraak (het Dialoogmodel dus) dat niet alleen Suzanne ontregeld is geraakt, maar het hele gezin. Ons voorstel is een individuele aanpak op cognitief gedragsmatige basis voor Suzanne, naast ouderbegeleiding.

Via het Dialoogmodel worden de positieve krachten van het gezin (er is ook nog een zoontje) uitgetekend, en leggen wij uit dat wij een behandeling (cognitieve gedragstherapie, CGT) voorstellen die aangrijpt op het Gedachtedomein en het Gedrag: de ontstane irreële angstige gedachten uitdagen en zoeken naar helpende gedachten, en concreet ander, minder belastend, gedrag oefenen. In de ouderbegeleiding kan worden stilgestaan bij de manier waarop de ouders mee kunnen regelen op een meer neutrale manier, en hoe de ouders minder angstig en paniekerig kunnen reageren. Ouders en Suzanne stemmen in met dit advies.

In het evaluatiegesprek na zes individuele gesprekken met Suzanne worden de ontwikkelingen in de voorgaande periode aan de hand van het Dialoogmodel uitgetekend samen met Suzanne en haar ouders en de beide hulpverleners (de individuele therapeut en ouderbegeleider). Voorafgaand aan het gesprek worden door het hulpverleningsteam aan de hand van een Evaluatieformulier (bijlage 5) in concrete termen de resultaten van de therapie en de ouderbegeleiding voorbesproken.

Evaluatieformulier (aanvulling op behandelingsplan)

Naam cliënt:	Suzanne
Geboortedatum:	(10 jaar)
Evaluatie	① 2 3 4 5
Datum evaluatie:	.. .. 20 ..
Casemanager/ouderbegeleider:	
Modules/behandelaar:	1 individuele cognitieve gedragstherapie (CGT)
	2 ouderbegeleiding

Eventuele veranderingen in:

Gedrag	Suzanne zet zich serieus in, doet trouw haar huiswerkopdrachten. De angsthiërarchie werkt zij goed af, de eerste vier treden heeft ze succesvol overwonnen: minder controle.
Lichamelijk domein	geen bijzonderheden.
Relationeel domein	in het contact komt zij 'gewoner' over, minder geforceerd vriendelijk
Emotioneel domein	ze is verbaasd dat de concrete gedragsoefeningen haar gemakkelijk afgaan. De vrees dat bij het verminderen van de dwanghandelingen de angstbeleving zou toenemen, blijkt niet bewaarheid. Suzanne is opgelucht.
Gedachtedomein	Suzanne stelt haar opvattingen/overtuigingen ter discussie, ze laat zich uitdagen, en gaat op zoek naar meer passende gedachten.
Omgeving	
– Gezin	ouders bespreken eigen angsten, en hoe zij ermee proberen om te gaan. Zij staan niet meer toe dat Suzanne bij hen in bed slaapt. Ze voelen zich hier steviger bij.
– School/werk	ze staat zich zo nu en dan toe minder perfectionistisch met huiswerk om te gaan, ze voelt zich hierbij minder gespannen, ondersteund door haar ouders die expliciet laten merken dat ze een 6 of een 7 echt voldoende vinden.
– Vrije tijd/sociale contacten	blijft fanatiek balletles volgen, is goed ingebed in vriendenclubje.
Eventuele aanpassing diagnose	geen
Bereikte behandeldoelen (veranderingen in regelmogelijkheden)	minder dwang bij Suzanne. Ouders nemen minder angstige positie in. Suzanne kan haar gedachten en gedrag al beter regelen. Ouders sluiten daar goed bij aan, regelen minder vóór, meer mét Suzanne.
Eventuele nieuwe behandeldoelen	geen.
Voortzetting behandeling	ja, doorgaan met individuele cognitieve gedragstherapie (CGT) en ouderbegeleiding om de positieve ontwikkeling nog verder uit te bouwen en te verankeren.
Volgende evaluatie	na beëindiging van CGT (na zes tot maximaal tien gesprekken).
Handtekeningen betrokkenen	

De vaststelling dat op meerdere domeinen verbetering gesignaleerd wordt, werkt in het gezamenlijke gesprek met Suzanne, haar ouders en de hulpverleners hoopgevend en motiverend om samen verder te werken. Onze inventarisatie sluit volledig aan bij de ervaringen van het gezin.

Dit is een voorbeeld van een tamelijk mild beeld, een voorspoedig verloop en volledige overeenstemming over de aanpak. Maar tegenstellingen of verschillen in opvattingen zijn even vaak aan de orde. Een voorbeeld hiervan doet zich voor tijdens de al langer lopende behandeling van Jeroen, inmiddels 12 jaar oud.

Stoere Jeroen

Jeroen is al vijf jaar bekend op onze polikliniek vanwege een aandachtstekortstoornis met hyperactiviteit (ADHD). Na de onderzoeksfase is destijds succesvol begonnen met medicatie (methylfenidaat). Hij heeft een groep gevolgd voor kinderen met ADHD, waarin uitleg hierover, maar vooral veel oefeningen in het handelen via 'stop, denk, doe'. Deze kinderen handelen immers eerst, en ervaren daarna pas de gevolgen. De ouders hebben de oudercursus ADHD gevolgd. Hierin wordt uitleg gegeven over de oorzaken, het beloop en de aanpak en ondersteunen ouders elkaar in hun bijzondere opvoedingstaken. Afgezien van nog enkele voorlichtende gesprekken op school hebben de contacten zich de laatste jaren beperkt tot halfjaarlijkse evaluatie en controle van medicatie. Bij een van de controles bleek dat Jeroen het in het voorgaande jaar over het algemeen goed had gedaan, maar dat hij op school snel in conflict kwam met leeftijdgenoten en steeds meer buiten de groep kwam te staan. Met het leren had hij geen problemen, hij deed het zelfs buiten verwachting goed. Er ontstond een boeiende discussie over voortzetting van medicatie. Hij vertelde dat hij al langere tijd de middagdosis methylfenidaat niet nam. Ook smokkelde hij wel eens met de ochtenddosis, die hij gewoonlijk in aanwezigheid van zijn ouders innam. Voor hen was deze ontboezeming nogal schokkend, hoewel ze wel in de gaten hadden dat hij niet altijd even nauwkeurig met zijn medicatie omging. Hij was duidelijk lastiger geworden en daarbij kwamen er ook vaker negatieve geluiden van de leerkracht. Na veel over en weer maakten Jeroen en zijn ouders uiteindelijk de afspraak dat ze een medicatievrije periode zouden uitproberen nu hij nog op de basisschool zat. De ouders bleven wel vrezen dat de komende overgang naar voortgezet onderwijs (hij zou mogelijk een havo-advies krijgen) hem op sociaal vlak wel eens op zou kunnen gaan breken. Zelf beaamde hij zijn problemen en wilde er verandering in brengen. Hij kon bij ons een algemene training volgen voor vergroting van sociale competentie (twaalf sessies). Na afloop daarvan vond een evaluatiegesprek plaats tussen een van de trainsters, de ouderbegeleider en Jeroen en zijn ouders.

Daarin kwam het volgende naar voren. Jeroen kon trots melden dat de punten op school prima waren gebleven zonder medicatie, en dat hij inderdaad naar brugklas havo kon. De ouders hadden flink wat twijfels over de ontwikkeling. Het gedrag thuis kenmerkte zich door meer oppositie en conflicten; die kaderden ze in de puberteitsontwikkeling. Van familie en kennissen hoorden ze immers gelijksoortige verhalen.

Vanuit de groepsdeelname meldden wij het volgende. Jeroen nam meestal een stoere houding aan en stelde zich op de voorgrond. Hij viel meteen op door zijn grote motorische en verbale onrust en zijn impulsiviteit. Hij had de neiging om de clown uit te hangen en anderen hierin mee te slepen. Hij zocht vaak grenzen op. Hij moest vaak gecorrigeerd worden. In de rollenspelen kwamen agressieve copingmechanismen duidelijk naar voren. Hij stond open voor het aanleren van alternatieven, maar steeds bleek hoe moeilijk het voor hem was het geleerde en zijn voornemen in de praktijk te brengen. Hij had duidelijk last van zijn impulsiviteit. Daar tegenover stond dat hij een lieve en gevoelige indruk maakte, onzeker, en zoekend naar bevestiging. Jeroen zette zich in en zijn intenties bleken goed. Hij bleek daarbij een ontzettend eerlijke en pure jongen, die veel sympathie bij de groepsgenoten opriep.

De informatie over zijn stoere en agressieve kant was pijnlijk voor hem, maar werd door hem eerlijk geformuleerd en kloppend gevonden. Voor de ouders was het een bevestiging van hun ervaringen van de laatste tijd, zij hielden hem voor dat stoppen met medicatie geen goede zaak was geweest, en eisten van hem dat hij er weer mee zou beginnen. Zij zagen hem al volledig mislukken in het vervolgonderwijs. Hij verzette zich meteen heftig, en er ontstond een patstelling.

Wij waren het in gedachten eens met de ouders, maar we wilden in het gesprek niet openlijk partij kiezen. We zouden daarmee Jeroen laten vallen met vier volwassenen tegenover hem, waardoor hij zich nog meer in verzet en oppositie gedwongen zou voelen.

Opnieuw medicatie voorschrijven zou alleen een kans van slagen hebben als Jeroen er zelf toe gemotiveerd was.

Om dit te bereiken tekenden we gezamenlijk het Dialoogmodel op de flap-over uit, waarbij hij bevraagd en uitgedaagd werd om zijn sterke en zwakke kanten te benoemen; dit werd aangevuld met de ervaringen van de ouders en onszelf. We kwamen tot de volgende evaluatie.

We beginnen met het Emotioneel domein: Jeroen is overwegend opgewekt, vrolijk en enthousiast met goede voornemens. We weten echter ook dat hij heel snel reageert op prikkels uit zijn omgeving en dat hij daarop reageert met Gedrag waarmee hij in de problemen komt: stoer doen met een agressieve houding, de clown uithangen, en moeilijk te corrigeren. Terwijl we ook weten dat hij tegenover anderen eerlijk en open kan zijn, sympathie oproept; daarom worden positieve kenmerken ingevuld in het Relationeel domein. Bij het Lichamelijk domein delen we de specifieke ADHD-kenmerken in: de grote bewegingsonrust, de impulsiviteit en de concentratiezwakte, met de toelichting dat hij ook allang weet dat hij deze kenmerken van kind af aan heeft en dat die moeilijk hanteerbaar voor hem zijn. Verder is hij een zeer gezonde jongen met sportieve mogelijkheden. Het Gedachtedomein kent overwegend positieve zaken: hij kan goed leren, heeft inzicht in wat er bij hem speelt, en hij kan dit inzicht omzetten in goede voornemens, die dan echter lang niet altijd omgezet worden in concreet gedrag, en dan wijzen we naar de pijl naar Gedrag. Meteen leggen we uit dat dit gedrag van hem invloed heeft op zijn omgeving, op zijn ouders, op zijn vriendjes, of zoals hier tijdens de groepsbijeenkomsten, op de andere groepsdeelnemers, die daarop reageren en het hem daarmee moeilijker kunnen maken, waarop hij dan weer reageert, enzovoort.

Bij het invullen van de verschillende domeinen gaan we steeds na of hij het ermee eens is en of hij aanvullingen heeft. Dit vragen we ook steeds aan de ouders. Met het uitgetekende plaatje kan iedereen het eens zijn. Vooral ook met de cirkelbeweging die tussen hen is ontstaan van reactie op reactie; de ouders hebben nu oog voor hun vaak afwijzende, corrigerende houding.

Gedrag	*stoer doen met agressieve houding; de clown uithangen.*
L	*grote bewegingsonrust, impulsief, grote concentratiezwakte; zeer gezond en sportief.*
R	*eerlijk en open; sympathie oproepend.*
E	*opgewekt, vrolijk, goede voornemens.*
G	*leert goed, heeft overzicht, heeft goed voornemens (voert die niet altijd uit).*
Omgeving	
– Gezin	*ouders pedagogisch adequaat, betrappen zichzelf vaak op een afwijzende corrigerende houding.*
Regelmogelijkheden	*heeft goede bedoelingen, maar die komen door impulsiviteit niet uit de verf. Als persoon spreekt hij zijn directe omgeving aan, maar zijn gedrag wekt snel irritatie en afkeuring op. Het 'samen regelen' mislukt daardoor veelvuldig.*

Met het plaatje uitgetekend op het bord stellen we de vraag: waar kunnen we actie ondernemen om de ontstane negatieve cirkel tussen Omgeving en Gedrag te doorbreken? Jeroen geeft zelf meteen aan dat zijn storende gedrag vooral samenhangt met de kenmerken omschreven in het Lichamelijk domein. Vergeleken met de andere domeinen is dit het meest 'negatief' ingekleurd. Bij de andere domeinen hebben we juist zijn sterke kanten ingevuld.

De volgende vraag kan niet uitblijven: wat voor actie kunnen we nu het beste gaan uitvoeren? Met enige aarzeling geeft Jeroen aan te beseffen dat vooral de medicijnen een gunstige bijdrage kunnen leveren. Op eigen kracht krijgt hij zijn impulsiviteit niet geregeld, en ook zijn ouders lukt dat niet. Hij kan akkoord gaan met opnieuw medicijnen innemen. Wij bieden aan dit na enige tijd nogmaals zorgvuldig met hen te evalueren.

Voor de ouders is het plaatje ook verhelderend. Ze zien weer eens dat Jeroen op vele fronten wél een aangename en prettige jongen is, met de nodige capaciteiten, terwijl ze in het dagelijks leven geneigd zijn alleen nog maar de gedragsproblemen te zien, en daarop steeds ontmoedigend te reageren, omdat ze zo weinig effect bemerken. Door meer tijd en energie te steken in de positieve kanten, hem te stimuleren en uit te nodigen, samen te zoeken naar leuke en slagende activiteiten, kan er wellicht meer emotioneel evenwicht komen.

Overwegingen

In het evaluatiegesprek met de hulpvragers gebruikt de hulpverlener de inventarisatie die hij zelf (en met zijn team) gemaakt heeft om hierover in dialoog te gaan met hún ervaringen en opvattingen. Hoe hij het Dialoogmodel inzet, wordt bepaald door de fase van de hulpverlening en het karakter van de ontstane werkrelatie. Sommige gezinnen hebben behoefte aan een adviseur, anderen zoeken vooral een gesprekspartner die meedenkt. Er zijn ook ouders met een duidelijke opdracht: maak mijn kind beter en leg daarover verantwoording af. Een enkele ouder verklaart zichzelf tot medepatiënt, vanuit de overtuiging volledig gefaald te hebben als opvoeder, of vanwege eigen ernstige persoonlijke problematiek. Belangrijk is dat de hulpverlener vooraf bedenkt en bepaalt wat de beste opstelling is tegenover al deze verschillende mogelijke posities. Soms is een complementaire houding aangewezen, soms een duidelijk begrenzende of meegaande. Er ontstaat een complexere dynamiek als de jeugdige nog andere posities inneemt (zoals oppositioneel, afwijzend, of afhankelijk).
De ouders van Suzanne zochten duidelijk een adviseur waar ze zich aan wilden toevertrouwen. Suzanne vond het vanzelfsprekend haar ouders te volgen.
Jeroen verlangde een erkenning van zijn onafhankelijksstreven.
Bij het gebruik van het Dialoogmodel als evaluatiehulpmiddel is het niet alleen mogelijk om gedragsveranderingen te inventariseren, maar evenzeer verschuivingen binnen de verschillende domeinen, in de Omgeving, en in de onderlinge interactie, inclusief de therapeutische werkrelatie. Op basis van deze inventarisatie worden de gewenste concrete gedragsveranderingen vastgesteld en daarnaast de volgende algemene vragen beantwoord:
- Is een werkbare relatie tot stand gekomen tussen het hulpvragende en het hulpverlenende systeem?
- Zijn de zelfregulerende krachten (eigen regelmogelijkheden) van de aangemelde persoon en zijn omgeving voldoende afgestemd geraakt en effectief genoeg?
- Is er een indicatie voor verdere hulpverlening aanwezig (is er nog vraag naar meeregelen)?

– Zo ja, is er een indicatie om de reeds ingezette hulpverlening op gelijke basis voort te zetten, of zijn andere aangrijpingspunten te indiceren?

Dergelijke vragen stelt de hulpverlener zich en zal hij zich in het huidige tijdsgewricht steeds duidelijker moeten stellen. De ontwikkelingen op het terrein van de jeugdzorg dwingen tot een zorgvuldige indicatiestelling. Het blijft een hele klus om enerzijds zorgvuldige en eenduidige vertalingen van hulpvragen in termen van 'diagnoses' te formuleren, en anderzijds de meest aansluitende en werkzame interventies te bepalen. Binnen de geestelijke gezondheidszorg (ggz) zijn de 'Diagnose Behandeling Combinaties' (DBC's) een gegeven. Er zullen meer eisen gesteld worden aan het diagnostisch proces en aan goed uitgewerkte zorgprogramma's, opgebouwd uit modulaire behandelvormen. Tegelijkertijd zullen er procedures nodig zijn voor situaties waarin een zorgprogramma niet goed aanslaat of onvoldoende blijkt aan te sluiten bij de hulpvragers, ongeacht een zorgvuldige indicatie. Het Dialoogmodel kan bijdragen tot helder formuleren en communiceren tussen alle betrokkenen: de hulpvragers, de indicatiestellers en de uitvoerende hulpverleners. Hier dient zich meteen een probleem aan. Volgens de huidige Wet op de Jeugdzorg vinden de indicatiestelling en behandeling in principe bij verschillende instanties plaats. Bij het gebruik van het Dialoogmodel tijdens de probleeminventarisatiefase en tijdens het adviesgesprek is daardoor de toekomstige behandelaar zelden of niet aanwezig. Bij het eerste evaluatiegesprek is de indicatiesteller in feite nooit betrokken. De dynamiek van het adviesgesprek, met alle belevingen, overtuigingen en motiveringen, krijgt daarmee geen of slechts een beperkt vervolg. Wanneer een en dezelfde ordening gebruikt wordt in de verschillende fasen van zorg, kan dat bijdragen tot een zeker gevoel van consistentie en continuïteit in elk geval voor de betrokken hulpvragers.

De ervaringen met Jeroen laten zien hoe zinvol het kan zijn om tijdens een lopende behandeling het Dialoogmodel-plaatje opnieuw in te vullen. Alle partijen (ook de hulpverlener!) worden zich weer bewust van de vele aspecten die in de verschillende domeinen naar voren komen, waar deze vaak naar de achtergrond verdwijnen door de actuele problemen van het moment. Niet alleen veranderingen ten opzichte van eerdere plaatjes komen voor het voetlicht. Ook het verschil tussen het (problematische) gedrag en het (vaak veel positiever beleefde) kind als persoon wordt letterlijk in beeld gebracht. 'Hij ís geen vervelende jongen. Hij gedraagt zich soms irritant.' Deze constatering (met meer afstand) biedt nogal eens nieuwe openingen en aangrijpingspunten voor een hoopvol vervolg.

9 Het Dialoogmodel als hulpmiddel bij voorlichting

Inleiding

In de voorgaande hoofdstukken is uiteengezet hoe het Dialoogmodel gebruikt wordt om met hulpvragers over problematiek te communiceren op een inzichtelijke manier, zonder allerlei vakjargon. De kracht zit hem onder meer in de unieke, op de persoon toegespitste vertaling van beperkingen en mogelijkheden in zijn eigen context. Soms kunnen deze specifieke kenmerken worden gekaderd in een bepaalde (psychiatrische) aandoening of stoornis en van daaruit begrepen. Het is goed om dan ook vanuit een meer algemeen kader het gesprek over deze aandoening aan te gaan met de hulpvragers; zij hebben recht op goede uitleg en voorlichting. Vaak beschikken zij al over de nodige praktische informatie. Zowel in de somatische als de psychiatrische hulpverlening zijn momenteel veel folders en internetsites beschikbaar voor patiënten en hun familieleden. Hierin staat niet het unieke maar juist het algemene beschreven: wat is van een bepaalde aandoening op dit moment bekend over mogelijke oorzaken, het te verwachten beloop, en over interventies. Deze informatie is vaak de basis voor verdere bespreking. Onderwerpen als de betekenisverlening en de mogelijke consequenties voor alle betrokkenen behoeven expliciete aandacht. Dan spreken we eerder over psycho-educatie dan over het geven van voorlichting.
Psycho-educatie is meer dan louter het verschaffen van informatie. Het omvat tevens het aanbieden van steunende contacten met als doel het vergroten van de competentie van zowel direct als indirect betrokkenen. In die zin is het een proces waarin een heroriëntatie plaatsvindt over veranderde mogelijkheden en beperkingen. Dit heeft zowel betrekking op het zelfbeeld, de belevingswereld en veranderde toekomstverwachtingen als op de concrete levensinvulling.

Bij het praten over de meer algemene aspecten en gevolgen van een bepaalde diagnose is het Dialoogmodel een handig hulpmiddel. Het is op dezelfde manier te gebruiken als besproken in de voorgaande hoofdstukken.

Aandachtstekortstoornis met hyperactiviteit (ADHD)

Als praktijkvoorbeeld beschrijven we hoe een hulpverlener aan de hand van het Dialoogmodel de eerste aanzet geeft om de aandachtstekortstoornis met hyperactiviteit (ADHD) uit te leggen en bespreekbaar te maken en stil te staan bij de mogelijke gevolgen voor de toekomst en voor de interactie met de Omgeving.
Bij de uitleg over ADHD beginnen we altijd met de bij jeugdigen meest voorkomende gedragsproblemen op een flap-over op te schrijven. Dat zijn: niet goed luisteren naar wat anderen zeggen, moeilijk op hun beurt kunnen wachten, zich vaak in gevaarlijke situaties storten (met frequente bulten en verwondingen), zich gemakkelijk laten meeslepen in kattenkwaad (en op latere leeftijd kleine criminaliteit en drugsgebruik), moeilijk corrigeerbaar, meer beloven dan nakomen en dergelijke. We vervolgen meestal met het invullen van het E-domein: meestal opgewekt en enthousiast, ook snel boos of verdrietig, maar dat duurt dan bij de betrokkene vaak maar kort (korter dan bij de mensen in de omgeving), angst kan aanwezig zijn, maar lijkt vaak minimaal (eerder roekeloosheid). Een depressief gekleurde ontwikkeling is mogelijk als er te weinig succeservaringen zijn, en een gevoel van onmacht bij zichzelf en de omgeving groeit. Bij het L-domein geven wij aan: van kind af aan overbeweeglijk, impulsief en moeite zich te concentreren. We benadrukken dat dit geen kenmerkende reacties zijn op omgevingsfactoren, maar dat deze hierdoor wel versterkt kunnen worden. We wijzen daarbij ook op temperamentsverschillen die tussen mensen bestaan. Nadat we alle domeinen beschreven hebben komen we terug bij het L-domein om verder toe te lichten hoe op dit moment algemeen aanvaard wordt dat een deel van de hersenen, van belang voor de verwerking en sturing van prikkels, onvoldoende functioneert. Jongeren met ADHD hebben een verhoogde kans op verslavingsproblematiek vanwege hun impulsiviteit en prikkelgevoeligheid. Dit komt meestal ter sprake als medicatie onderwerp is van gesprek, zeker omdat de veelgebruikte stimulantia onder de Opiumwet vallen, en al gauw de associatie met verslaving oproepen bij ouders. Vermeld wordt dat uit wetenschappelijk onderzoek is ge-

bleken dat jongeren die trouw medicatie nemen voor hun ADHD, juist minder experimenteergedrag met drugs en verslaving daaraan laten zien.

Vervolgens bespreken wij het G-domein. Eerst melden wij dat ADHD losstaat van intellectuele capaciteiten: zowel zeer hoog-, gemiddeld als laagbegaafden kunnen ADHD hebben. Wel is bekend dat vaak beneden de aanwezige capaciteiten gepresteerd wordt vanwege een beperkte leer- en taakhouding, maar dat op voor de persoon specifieke interessegebieden optimale prestaties mogelijk zijn. Het vermogen te plannen en organiseren is in het algemeen verzwakt, mede ten gevolge van een beperkte geheugenwerking, die weer samenhangt met een vluchtige prikkelverwerking: als de aandacht niet vastgehouden kan worden bij bepaalde onderwerpen, worden deze slechts gedeeltelijk opgeslagen, en vermindert het vermogen om te leren uit eerdere ervaringen. Dit illustreren we aan de hand van de pijl in het plaatje van Gedrag naar Omgeving. Specifieke leerstoornissen komen relatief dikwijls voor. Meestal zien we aanvankelijk een positief zelfbeeld bij iemand met ADHD (enthousiast aanpakken), maar dat kan bij bewustwording van te veel mislukkingen of negatieve reacties vanuit de omgeving een negatieve kleur krijgen. Dat leidt soms tot opvattingen het toch nooit goed te kunnen doen, tot verhardende standpunten van verwerping en verstoting.

In relationeel opzicht (het R-domein) zien wij in de regel dat een persoon met ADHD gemakkelijk contact legt: spontaan en open, vaak met de nodige humor. Daarbij gevoelig en zorgzaam voor de ander, met een goed inlevingsvermogen; dit laatste maakt hen best geliefd, mede doordat zij dit gemakkelijk tonen, terwijl anderen hier gewoonlijk gereserveerder in zijn. Dit gegeven roept sympathie en ook wel vergevingsgezindheid op voor moeilijker te accepteren gedrag. Het minder bereikbaar zijn voor externe sturing en ondanks goede voornemens toch weer 'de fout ingaan' kan ook tot negatieve interactie en meer oppositioneel gedrag leiden. Er moet rekening gehouden worden met vluchtigheid in vriendschappen. Het enthousiasme voor de ene persoon kan soms gemakkelijk overgaan in een even intensieve gerichtheid op een andere, met 'verwaarlozing' van de eerdere, zonder dat gevoelens van verbondenheid hoeven te veranderen. Het zich 'storten' in allerlei sociale situaties kan irritatie oproepen bij leeftijdgenoten.

Als op deze wijze de meest gebruikelijke kenmerken van iemand met ADHD is uitgetekend, wordt stilgestaan bij het interactiepatroon met de Omgeving: daaruit ontvangt hij prikkels, en daarbinnen manifesteert zich zijn Gedrag. De Omgeving reageert op dit Gedrag, waarmee nieuwe prikkels ontstaan. Het risico van ontregeling wordt besproken: niet alleen binnen de persoon met ADHD, maar vooral ook ten opzichte van zijn Omgeving. Besproken wordt hoe opvoeders, school/werk en vriendenkring bij kunnen dragen aan het welbevinden van alle betrokkenen. Enkele tips die we geven: geef korte, enkelvoudige, liefst prikkelende opdrachten/taken (thuis, maar ook op school), maak eenduidige overzichtelijke afspraken met elkaar, laat vooraf weten wat mogelijke consequenties zijn, zorg voor geheugensteuntjes, maak gebruik van en bevestig de positieve eigenschappen, maak onderscheid tussen belangrijke zaken die goed moeten lopen en minder urgente zaken; laat die maar chaotischer voorbijgaan.

Gedrag	*heeft moeite met luisteren, kan beurt niet afwachten, stort zich in gevaarlijke situaties, sleept anderen mee in kattenkwaad, pakt dingen vaak enthousiast en goed aan.*
L	*overbeweeglijk, impulsief, heeft moeite zich te concentreren.*
R	*spontaan en open, vaak met de nodige humor; enerzijds intensief in contacten, anderzijds vluchtig (weinig duurzaam).*
E	*meestal opgewekt en enthousiast, snel boos en verdrietig.*
G	*heeft moeite met organiseren en plannen, presteert nogal eens onder het eigen niveau, denkt chaotisch (van de hak op de tak).*
Omgeving	*Zowel binnen het Gezin, School/werk, als in Vrije tijd en bij Sociale contacten is het lastig om niet enkel te reageren op het uiterlijk gedrag, met het risico in een negatieve spiraal terecht te komen.*
Regelmogelijkheden	*doorgaans is het mogelijk met ADHD een bevredigend leven op te bouwen, rekening houdend met de sterke en zwakke kanten en aanpassingen in de omgeving.*

Over het verloop in de toekomst wordt verteld dat de lichamelijke kenmerken van ADHD bij het bereiken van de volwassen leeftijd bij ongeveer één op de drie naar de achtergrond verschuiven. Je zou kunnen zeggen: ze kunnen eroverheen groeien, maar dat gebeurt niet altijd! Het gevaar van maatschappelijk vastlopen als een geïntegreerde ontwikkeling niet lukt, blijft niet onvermeld, en wordt als een krachtige drijfveer voor behandeling ingezet. Tevens wordt gemeld dat de meeste volwassenen met ADHD een geschikte werkkring kunnen vinden, meestal in de lichamelijk actieve beroepen, niet direct in een kantoorbaan.

Wij hebben gemerkt dat een bespreking op deze manier de sterke en zwakke kanten van iemand met ADHD inzichtelijker maken, en dat verduidelijkt kan worden waar aangrijpingspunten voor begeleiding en behandeling liggen. Ook komt eventuele comorbiditeit zoals tics of depressie gemakkelijker ter sprake. Wij merken met name dat de discussie over eventuele medicatie veel genuanceerder kan verlopen. Op basis van deze informatie-uitwisseling kan het gesprek worden voortgezet over de impact van deze gegevenheden voor de betrokkenen. Is het een opluchting door de herkenning en erkenning, of juist een grote teleurstelling dat er niet meer gesproken wordt van enkele voorbijgaande symptomen maar van een meer ingrijpende aandoening? In hoeverre zijn de betrokkenen in staat tot een betere onderlinge afstemming?

Psychotische ontregeling

Hoe belangrijk deze laatste vragen zijn, willen we laten zien aan de hand van het volgende voorbeeld: Frits, met een psychotische ontregeling kortdurend opgenomen op een afdeling jeugdpsychiatrie.

> Frits is een 17-jarige jongen die een weinig opvallende ontwikkeling heeft doorgemaakt, over het algemeen nogal op zichzelf, maar met voldoende en prettige aansluiting bij zijn leeftijdgenoten. In opvoedkundig opzicht heeft hij zijn ouders eigenlijk nooit voor verrassingen geplaatst, over het algemeen voegt hij zich en past hij zich aan. Het gezinsleven (er is nog een oudere zus en een jongere broer) verloopt redelijk harmonieus, zonder opvallende stressoren of traumatische ervaringen.
> Een jaar geleden (hij zat in havo 4) werd Frits stiller, teruggetrokkener, en werd het moeilijker met hem contact te krijgen. Hij leek depressief te worden. Daarbij namen de ouders toenemende rusteloosheid waar, en hij praatte soms verward, met schichtig oogcontact. Op school gingen zijn resultaten achteruit. Bij een psychiatrisch consult bleek er meer te spelen: zijn denken bleek verstoord (vertraagd, incoherent, soms associatief met achterdochtige kleuring), hij rapporteerde vreemde waarnemingen zoals wisselende vreemde schaduwen op de wand in zijn slaapkamer en beangstigende, moeilijk thuis te brengen geluiden. En daarmee werd duidelijk dat zijn emoties niet alleen depressieve kenmerken vertoonden maar vooral ook door ondefinieerbare angst beheerst werden. Er werd aan een (pre)psychotisch beeld gedacht, dat zich niet veel later in al zijn heftigheid zou tonen.

Frits raakte volledig in de war, naar school gaan was ondenkbaar. De gezinsleden konden hem nauwelijks bereiken. Er volgde een vrijwillige opname. Hij kreeg antipsychotische middelen toegediend, herstelde snel, en kon na drie weken in voldoende evenwicht weer naar huis (zijn regelvermogen was voldoende op peil). Op school had hij de maanden ervoor zoveel gemist dat besloten werd dat hij havo 4 opnieuw zou doorlopen. In het nieuwe schooljaar hervond hij snel zijn ritme en plezier in leren, de aansluiting bij de nieuwe klasgenoten verliep redelijk goed, en hij had contact weten te houden met zijn vroegere klasgenoten die begripvol en ondersteunend op zijn 'overspannen zijn' hadden gereageerd. Met de medicatie werd inmiddels op verzoek van Frits en zijn ouders zonder problemen gestopt; voor een onderhoudsdosering ter preventie van een terugval was niet gekozen.

Bijna een jaar later kwamen de eerdere verontrustende symptomen in een wat andere, maar vergelijkbare vorm opnieuw naar voren. Door de ervaringen van het jaar daarvoor reageerden de ouders snel met het inroepen van hulp. Hoewel Frits eerst afwijzend stond tegenover bemoeienis van buitenaf (en beslist geen opname meer wilde), stond hij open voor ondersteunende ambulante begeleiding ter voorkoming van een verdere verstoring. Na korte tijd bleek hij toenemend psychotisch en kon hij akkoord gaan met het opnieuw nemen van medicatie. De symptomen (met name de hallucinaties en waanideeën) verdwenen meer naar de achtergrond, maar het bleek moeilijker om school weer gewoon op te pakken.

Zowel de ouders als Frits zelf toonden zich ongerust over hoe het verder met hem zou gaan, zeker nu zijn schoolcarrière dreigde te mislukken.

In eerdere contacten was het Dialoogmodel al gebruikt om de situatie op dat moment in beeld te brengen, met het accent op de overspoelende ontregeling, en om aan te geven waarom wij bepaalde interventies voorstelden. Er lijkt nu sprake te zijn van een langer durende kwetsbaarheid voor psychotische ontregelingen (het had een eenmalige, kortdurende psychose kunnen zijn, bijvoorbeeld vanuit overspoelende angst bij een depressieve grondstemming) en daarom gaan we nu een gesprek aan met een ander perspectief. Als hulpverleners ontkomen we er niet aan om in diagnostisch opzicht een knoop door te hakken: de psychotische symptomen lijken toch primair te kaderen binnen die van een psychotische stoornis. De kans dat Frits in de toekomst vaker geconfronteerd zal worden met psychotische ontregelingen achten wij hoog. Wij willen met hem en zijn ouders in gesprek gaan over waar ze rekening mee moeten houden, hoe het beste om te gaan met risicofactoren en hoe beschermende factoren optimaal in te zetten. Dat doen we als volgt.

Op dezelfde manier als waarop we de huidige problemen van Frits in de afgelopen periode in beeld hebben gebracht, aan de hand van het Dialoogmodel, geven we in algemene termen uitleg over een psychotische stoornis. Allereerst het lichamelijk domein.
Bekend is dat er een biologische grondslag voor psychosen bestaat. De oorzaak van een psychose ligt niet direct in bepaalde omgevings- of opvoedingskenmerken, al kan het verloop hierdoor wel positief of negatief worden beïnvloed. Het is gebruikelijk te spreken van een vergrote kwetsbaarheid voor stress. De draagkracht is beperkt, bij een te hoge draaglast kan zich ontregeling voordoen. Tijdens een psychose kunnen ingrijpende lichamelijke reacties optreden, zoals verstoring van het slaapritme en verstoringen in het omgaan met dagelijkse verzorging en activiteiten. Daarnaast bestaat er soms een verhoogd risico voor alcohol- en drugsmisbruik, aanvankelijk bedoeld om stress te verlichten.
Ontregelingen manifesteren zich binnen het emotioneel domein dikwijls in toenemende angstbelevingen die als overspoelend ervaren kunnen worden, niet direct gekoppeld aan ervaringen van de persoon zelf of aan gebeurtenissen in de omgeving. Achterdocht, maar ook een depressieve stemming kan het gevolg zijn. Soms ook een geagiteerde of juist erg uitgelaten stemming. Emotionele uitputting treedt ook wel op.
In samenhang met de verschuivingen binnen het emotioneel domein zijn in het Gedachtedomein, vaak als eerste, enkele opvallende veranderingen merkbaar. Tijdens periodes van ernstige ontregeling verloopt het denken chaotischer, soms versneld, soms vertraagd, of associatief, en is de inhoud van het denken gekleurd door bizarre ideeën, vertekende werkelijkheid en/of achterdocht. Die kunnen de vorm hebben van kortsluiting in het denken, vreemde gewaarwordingen en achterdochtige ideeën.
Binnen het Relationeel domein is – afhankelijk van de eigen ontregeling – een groter appèl of afscherming zichtbaar. Meestal is een zich

meer terugtrekken in de eigen leefwereld het gevolg, en vermindert de betrokkenheid op en verbondenheid met anderen. Het vermogen om zich in personen te verplaatsen en met hen mee te leven neemt af, vaak tot verdriet en wanhoop. Zeker als dit gepaard gaat met wantrouwen of beschamend sociaal onaangepast gedrag. Anderen kunnen ook als heel bedreigend ervaren worden. In feite mislukt de integratie tussen de domeinen (dit wordt nog eens uitgetekend op de flap-over), ze lijken los van elkaar te komen staan, de persoon beschikt niet meer over compensatiemogelijkheden, hij ervaart zichzelf niet meer als eenheid, heeft geen greep meer op zichzelf, en raakt letterlijk 'ontregeld'. In het plaatje verliezen de lijntjes tussen de domeinen hun betekenis.

Wetenschappers vermoeden ook dat de verbindingen tussen bepaalde hersengedeelten verstoord raken bij een psychose.

In de beschrijvingen van de verschillende domeinen is al het nodige naar voren gekomen over het Gedrag. Het vermogen om bepaalde routinehandelingen uit te voeren raakt aangetast. De structuur van alledag kan verloren gaan. Deze ontregelingen zijn ingrijpend voor zowel de getroffene zelf als voor zijn gezin en familie. Studie of beroepsuitoefening zijn tijdelijk uitgesloten. Alle betrokkenen zoeken naar wegen om zo goed mogelijk mee te regelen.

De bovenstaande uitleg is als volgt in het Dialoogmodel vervat:

Gedrag	'vreemd', minder gericht op taken en omgeving, soms gevaarlijk voor zichzelf of anderen.
L	verstoord dagritme en veranderde dagelijkse verzorging; biologische kwetsbaarheid.
R	zich meer terugtrekken uit relaties, in eigen wereld opgaan, soms grensoverschrijdend tegenover anderen door een verminderd invoelingsvermogen.
E	toenemende angstbelevingen die overspoelend kunnen zijn, gevoelens van achterdocht (zich bedreigd voelen) en depressie kunnen het gevolg zijn, soms uitgelatenheid.
G	het denken is chaotischer, meer associatief, soms versneld of vertraagd; de inhoud van het denken bevat vaak bizarre ideeën en/of vertekende werkelijkheid.
Omgeving	Zowel binnen het Gezin, School/werk, als in Vrije tijd en bij Sociale contacten is het vaak toenemend moeilijk om aansluiting te houden en ondersteunend te blijven. De omgeving kan zich hierbij toenemend overvraagd en onmachtig voelen.
Regelmogelijkheden	er moet rekening gehouden worden met een blijvende kwetsbaarheid, zodat bewuste keuzes ter bescherming nodig zijn om desintegratie te vermijden.

Het gesprek kan vervolgd worden met uitleg over hoe om te gaan met de genoemde negatieve gevolgen, en hoe de kans op het ontstaan ervan zo goed mogelijk te voorkomen. Met andere woorden: zichzelf en de omgeving zo reguleren dat de kans op ontregeling zo klein mogelijk wordt.

Globaal zal een dergelijk gesprek de volgende inhoud hebben met het plaatje van het Dialoogmodel bij de hand.

Binnen het Lichamelijk domein is blijvende aandacht voor een goed dag-nachtritme en voor de zelfverzorging van belang, en een in overeenstemming opgesteld medicatiebeleid. Een antipsychoticum kan de werking van de hersenbanen weer verbeteren en zo de wanen of hallucinaties doen verminderen en helpen helderder te werken. Ook kunnen ze overspoelende prikkels vanuit de omgeving afzwakken. Hoe beter hierover gezamenlijke afspraken gemaakt kunnen worden, des te groter de kans dat ingrijpende ontregelingen vermeden worden. Dat kan betekenen dat, als gekozen wordt voor een medicatievrije periode, duidelijk is op welk moment er toch weer opnieuw mee begonnen moet worden. Vertrouwt de betrokkene op zijn eigen innerlijke signalen? Geeft hij het vertrouwen aan zijn directe familie die vaak eerder symptomen van ontsporing (vaak als eerste op lichamelijk gebied) waarnemen, zodat, als zij aangeven dat het fout dreigt te gaan, hij hen serieus neemt? Dat hij vertrouwt op de inzichten en ervaring van zijn hulpverlener?

De kwetsbaarheid binnen het emotioneel domein brengt met zich mee dat stresserende situaties met mate en geleidelijk tegemoet getreden moeten worden. De kans op emotionele overvraging is aanwezig, en daarmee op snelle ontregeling in angst of overspoelende ervaringen. Concreet betekent dit dat de betrokkene bewust en gedoseerd met een en ander om moet gaan.

Een willekeurig voorbeeld. Als in het verleden grote familiefeesten een ontregeling tot gevolg hadden, kan besloten worden tot een kortere aanwezigheid bij volgende gelegenheden, of tot een andere dagindeling, of kan met iemand worden afgesproken de betrokkene op zo'n dag de emotionele belasting te helpen bewaken.

Haalbare belastbaarheid geldt evenzeer voor het Gedachtedomein. Scholing en werk moeten in overeenstemming zijn met de haalbare intensiteit en duur. Vaak blijkt dat dit niet meer overeenkomt met het niveau van de aanwezige capaciteiten, niet zozeer inhoudelijk als wel praktisch, in kwantiteit en tempo.

Signalen van chaotisch en verward denken moeten op tijd herkend worden, vóórdat dit denken volledig zijn eigen leven gaat leiden en steeds verder van de omliggende werkelijkheid af komt te staan. Ook hier geldt, net als met de emoties: lukt het de betrokkene om dit zelf waar te nemen, of is hij hiervoor afhankelijk van zijn omgeving. Complicerend is het als het denken een achterdochtige inhoud krijgt. Dan zullen opmerkingen uit de omgeving eerder verworpen dan in dank afgenomen worden. Door dit gevaar in goede tijden openlijk te bespreken kan de onderlinge verstandhouding goed blijven, ook in moeilijke tijden. Soms komt men wel tot schriftelijke of zelfs juridische afspraken hierover.

Als opvalt dat het contact in relationele zin minder goed verloopt, is het belangrijk om enerzijds een accepterende basishouding aan te nemen, en anderzijds niet mee te gaan in de mogelijke werkelijkheidsvertekening. De strijd aangaan mondt meestal uit in gevoelens van afwijzing of zelfs verwerping. Dat bevestigt eventuele achterdochtige gedachten eerder dan dat het die relativeert, en dat leidt eerder tot verdere vereenzaming, niet tot grotere ondersteunende verbondenheid.

Deze dualiteit is voor de personen in de Omgeving een groot dilemma. Hoe het evenwicht te vinden tussen afstand en nabijheid?

De onderlinge betrokkenheid kan het beste op een meer praktische manier tot uitdrukking worden gebracht. Geef een overzichtelijke structuur aan de contacten, spreek tijden af en ook hoe deze tijden in te vullen, bijvoorbeeld met boodschappen doen of met een andere gerichte activiteit, al of niet van ontspannende aard. Juist bij dit thema komt het woord 'regelen' goed van pas. Voor de naasten kan het helpen om na te gaan wat redelijkerwijs gevraagd kan worden van het zieke gezinslid, maar ook van henzelf. Probeer daar afspraken over te maken.

School/werk blijkt niet altijd voortgezet te kunnen worden bij zich herhalende psychotische periodes. Het belang van een gerichte en zinvolle dagbesteding is echter groot, en alles moet er aan gedaan worden om een vorm van scholing en werk te behouden. Dat betekent dat opengestaan moet worden voor overleg met schoolleiding of werkgever over de problematiek, zodat samen naar aanpassingen gezocht kan worden. Dat vraagt heel wat: de aandoening moet zelf onder ogen worden gezien en de beperkingen enigszins geaccepteerd, pas daarna is een open gesprek mogelijk. Als dit niet lukt doemen gevaren op van maatschappelijke teloorgang: mogelijke vereenzaming, beperkte inkomsten en zelfverwaarlozing.

De invulling van vrije tijd blijft belangrijk voor alle domeinen: lichamelijk, emotioneel, cognitief en relationeel. Soms moet uitgekeken worden naar een minder stressvolle of competitieve bezigheid. Contact met lotgenoten en patiëntenverenigingen is vaak erg waardevol.

Soms wordt de dagbesteding in een meer therapeutische omgeving gevonden, met aandacht voor rehabilitatie en reïntegratie.

Overwegingen

In dit hoofdstuk hebben we twee voorbeelden gegeven van hoe het Dialoogmodel gebruikt kan worden in de eerste fase van psycho-educatie. Het liefste schrijven we de verschillende domeinen uit naargelang de actuele situatie van de betrokkenen, om vervolgens in termen te spreken van: 'als we het geheel overzien, valt op dat de accenten van de problemen en de sterke kanten vooral in deze domeinen liggen, of op de samenhang van deze verschillende elementen ligt, en dan wordt in de psychiatrische handboeken gesproken over die en die diagnose'. Het is gemakkelijk om meteen uit te leggen waarom we niet direct denken aan bepaalde andere diagnoses, want 'dan zou in dat domein wat meer of minder sprake zijn van' enzovoort.
Tot slot benadrukken we dat niet diagnoses behandeld worden, maar nagegaan wordt waar mensen beperkingen en last ervaren in het dagelijks leven, en hoe hulpverleners hen kunnen helpen deze te verminderen en van hun sterke kanten gebruik te maken door deze te verstevigen en uit te breiden in samenwerking met het sociale netwerk.
Behalve voor ordening van de problematische kenmerken in het kader van een bepaalde aandoening leent (het plaatje van) het Dialoogmodel zich dan ook goed om uit te schrijven wat in de praktijk te doen en hoe de ander te bejegenen met betrekking tot de verschillende domeinen, om ontregelingen zo veel mogelijk te voorkomen. Wij hebben de ervaring dat sommige gezinnen een dergelijk plaatje als steuntje in de rug voor zichzelf maken en gebruiken.

De theorie

Inleiding

In dit hoofdstuk bespreken we de theoretische achtergrond van het Dialoogmodel.
Zoals beschreven in de voorgaande hoofdstukken is het model primair bedoeld om eenvoudig en eenduidig over (psychiatrische) problematiek en eventuele behandeling te kunnen spreken en denken om zo de samenwerking tussen het hulpvragende en het hulpverlenende systeem te bevorderen. De begrijpelijke gedachtegang, de eenvoudige taal en het verhelderende schema helpen daarbij.
Het model:
- is ongeacht de aard en samenstelling van de problematiek te gebruiken en kan in elke context en fase van het zorgproces toegepast worden;
- kan afgestemd worden op de behoeften en mogelijkheden van de hulpvragers en stimuleert hun eigen inbreng en autonomie;
- is bedoeld om de toegepaste wetenschappelijke theorieën en gangbare professionele inzichten helder en in samenhang uit te leggen.

De eerste twee hier genoemde kenmerken van het model zijn in de vorige hoofdstukken uitvoerig belicht.
Om de theoretische grondslag van het model te verduidelijken werken we het derde punt uit (de achterliggende visie, de uitgangspunten van het model zijn puntsgewijs samengevat aan het eind van dit hoofdstuk). Het Dialoogmodel is niet alleen uit praktische motieven ontstaan. De voor de jeugd-ggz dominante denkkaders en persoonlijke affiniteit met verschillende theoretische en professionele inzichten hebben hun invloed op de ontwikkeling van het Dialoogmodel (gehad). Zonder volledigheid na te streven noemen we enkele centrale thema's. We benaderen problematiek altijd met oog voor ontwikkeling en systemische aspecten. We willen rekening houden met aangeboren én aangeleerde kenmerken, de aangemelde persoon én diens

omgeving. We verkiezen nadruk te leggen op ook de gezonde, sterke kanten boven louter op de zieke, zwakke kanten, procesmatig boven statisch, samenwerking boven voorschrijven, circulair boven lineair en dimensionaal boven categoriaal. In de wijze waarop we het Dialoogmodel gebruiken komt zowel de bewust gekozen positie van deskundige als die van gelijkwaardige gesprekspartner tot uiting.

Het gebruik van meerdere invalshoeken

Het is algemeen erkend dat menselijke ontwikkeling en functioneren niet op basis van één allesomvattende theorie te doorgronden is (Cicchetti & Cohen, 1995). In de hulpverlening worden verschillende theoretische kaders in diverse combinaties met wisselend accent gebruikt.

Het biopsychosociale model, dat Engel (1980) introduceerde, wordt in veel werkvelden gebruikt om ordening aan te brengen in de verschillende invloeden op het menselijk functioneren. Het Dialoogmodel volgt deze indeling ook. Zeer vereenvoudigd kun je stellen dat uit het samenspel van de (genetisch bepaalde) lichamelijke startmogelijkheden van een persoon en vroege sociale interactie psychologische eigenschappen ontstaan. Al gauw werken deze drie (biologische, psychologische en sociale) krachten over en weer op elkaar in. Deze interactie wordt wetenschappelijk vanuit verschillende invalshoeken benaderd. Het Dialoogmodel integreert met name ontwikkelings-, leertheoretische en systeembenaderingen. Vanuit een biologische basis vindt via vroege hechting door sociale interactie geïntegreerde differentiatie plaats naar emotionele en cognitieve ontwikkeling en ontwikkelen zich gedragspatronen. Personen en hun omgeving worden in het model gezien als dynamische, op elkaar inwerkende, zich ontwikkelende, zichzelf en elkaar organiserende systemen. Het gaat steeds om onderling afstemmen, reguleren, organiseren, onderhandelen. In Dialoog-taal spreken we van dan van 'regelen'. Daar waar het zelf regelen door hulpvragers tekortschiet, komt hulpverlening in beeld. Deze kan naar behoefte 'meeregelen', zodat de hulpvragers het weer zo veel mogelijk zelf kunnen regelen.

Een aantal voor het model relevante zienswijzen en theorieën komt in de volgende paragrafen aan bod.

De dynamiek van systemen

Voordat we ingaan op de specifieke interactie tussen mensen en hun omgeving, belichten we op een meer abstract niveau hoe tegenwoordig over de dynamiek binnen en tussen systemen wordt gedacht. Een dynamisch systeem bestaat uit diverse onderdelen die zich via continue wederzijdse beïnvloeding zodanig organiseren dat het systeem als geheel zo efficiënt mogelijk functioneert, in interactie met zijn omgeving. Die omgeving is overigens ook weer als een systeem te zien. Zo grijpen systemen op verschillende niveaus op elkaar in. Een systeem zoekt steeds naar een toestand van evenwicht met zijn omgeving. Dit is een dynamisch proces. Interne en externe impulsen beïnvloeden dit evenwicht voortdurend. Er zijn verschillende variabelen binnen het systeem, die bij herhaling, circulair op elkaar inwerken, en naar believen verschijnen of weer verdwijnen. Als voorbeeld geeft Van Geert (2003) aan hoe de intensiteit van ouderlijke hulp even sterk beïnvloed wordt door het begripsniveau van het kind als dit begrip door de hulp beïnvloed wordt. Lange tijd kan bepaalde instructie geen enkel effect sorteren, tot het kind het op een dag in één keer door heeft. Hulp kan op een hoger niveau worden aangeboden naarmate het kind vaardiger wordt. Ook kan in dat geval het hulpaanbod verminderd worden of vervallen totdat nieuwe taken weer om actieve ondersteuning vragen. Te veel of inadequate hulp kan overigens ook de ontwikkeling remmen of doen afnemen.

De grondgedachte is dat alle in ontwikkeling zijnde variabelen zelfinteractie en zelforganisatie vertonen naast interactie met andere ontwikkelingsvariabelen. De uitkomst van interactie hangt af van de aard, duur en intensiteit en het aantal betrokken variabelen. Een goede 'match' geeft reorganisatie op een nieuw niveau. Een dergelijk nieuw evenwicht waar het systeem, na een periode van cyclische veranderingen of schijnbare stilstand of terugval, als het ware plots naartoe getrokken wordt, wordt niet zomaar weer verlaten. Mensen kunnen onder stress of door ziekte soms wat terugvallen naar een lager niveau van functioneren. Ook is maar al te goed bekend hoe moeilijk het is om bijvoorbeeld bepaalde gewoonten op te geven!

Overeenkomstig een algemeen ontwikkelingsprincipe grijpt nieuwe ontwikkeling steeds weer aan op het reeds bereikte niveau. Niet goed afgestemde variabelen kunnen tot chaos of wanorde aanleiding geven. Bij een teveel aan variabelen kan het bundelen van een groot aantal variabelen in een minder groot aantal clusters een oplossing bieden. Deze clusters kunnen wel weer onderling worden afgestemd. In feite is dat ook wat we met het model beogen. De werkelijkheid is bijzonder complex, gelaagd en samengesteld. Door allerlei gegevens te groeperen in de onderdelen van het Dialoogmodel wordt de complexiteit vereenvoudigd en daarmee aan te pakken.

Deze dynamische systeembenadering kent een aantal vertrouwde kenmerken van meer klassieke systeemtheorieën. De theorie onderkent op verschillende niveaus interacterende systemen, die adapteren en accommoderen rond evenwichtstoestanden binnen een spanningsveld tussen behoud en verandering. Anders gezegd: de te onderscheiden systemen differentiëren en integreren op een steeds hoger organisatieniveau.

De dynamische systeembenadering biedt meer dan traditionele systeemtheorieën ruimte aan de soms onverwacht grote effecten van toevallige, eenmalige gebeurtenissen op ontwikkeling.

Normale, verstoorde en gestoorde menselijke ontwikkeling verloopt immers voor een deel volgens vaste patronen en opeenvolgende fasen, maar kent daarbinnen de nodige grilligheid, sprongsgewijze veranderlijkheid en discontinuïteit.

Op verschillende ontwikkelingsprocessen, zoals de motoriek (Thelen, 1989) en de ontwikkeling van het communiceren in relatie tot de totstandkoming van een persoonlijk zelfbeeld en eigen identiteit (Fogel, 1993) is de dynamische systeembenadering toegepast. Zoals Van Geert (2003) stelt, is deze benadering eerder een bundeling van algemene abstracte principes van verandering gecombineerd met een wiskundige, dynamische aanpak dan een ontwikkelingstheorie op zichzelf.

Drie aspecten zijn het meest kenmerkend voor de dynamische systeemtheorie:
- individuele factoren bepalen de uitkomst van algemene ontwikkelingsmechanismen;
- zelforganisatie krijgt sterke nadruk, waarmee processen niet altijd van buitenaf beïnvloedbaar zijn;
- intrinsieke factoren kunnen debet zijn aan het tijdelijk uitblijven van een respons op externe stimuli, waarmee bijvoorbeeld sprongen in ontwikkeling beter begrepen kunnen worden.

Hulpverleners zullen in deze principes de dagelijkse praktijk herkennen. We proberen onze hulp aan te passen aan de unieke kenmerken van het hulpvragende systeem in de wetenschap dat sommige persoonlijke eigenschappen en patronen nu eenmaal stevig verankerd liggen. Het is dan de kunst om die kenmerken te benutten op een meer constructieve, positieve wijze. Een voorbeeld van de vertaling van denken in dynamische systemen in de therapeutische praktijk is te vinden bij de functionele gezinstherapie (*functional family therapy*, FFT), die vooral ingezet wordt bij de behandeling van ernstig gedragsgestoorde jongeren. Niet de gedragsuitingen zijn de belangrijkste focus van behandeling, maar wel de interactiecyclus tussen Gedrag en Omgeving, en de relationele stijl van alle betrokkenen tegen de achtergrond van biologische, cognitieve en emotionele aspecten (Sexton & Alexander, 2004). Hiermee wordt geprobeerd het hulpvragende systeem te helpen zichzelf te helpen. In Dialoog-termen: we regelen mee opdat men het zelf weer kan gaan regelen. In de volgende paragraaf specificeren we de bovenstaande algemene principes aan de hand van de dynamische interactie tussen mensen en hun (sociale) omgeving.

De interactie tussen persoon en omgeving

Menselijk functioneren wordt mede bepaald door invloeden uit de omgeving. Andersom heeft ons gedrag weer invloed op onze omgeving. Het onderzoeken van deze voortdurende wederzijdse persoon-omgevingsinteractie is nodig als we willen begrijpen hoe het met iemand gaat. We kijken dus niet alleen naar een individu maar altijd naar dat individu binnen zijn context. De onderlinge verbanden zijn niet lineair maar circulair. Anders gezegd, een omgevingsprikkel geeft bepaald gedrag, maar daar blijft het niet bij. De omgeving heeft invloed op het individu en het gedrag van dat individu ook weer op de omgeving, en dat geeft weer een reactie van die omgeving, enzovoort. Deze principes krijgen gestalte in de hoofdstructuur van het schema (figuur 4).

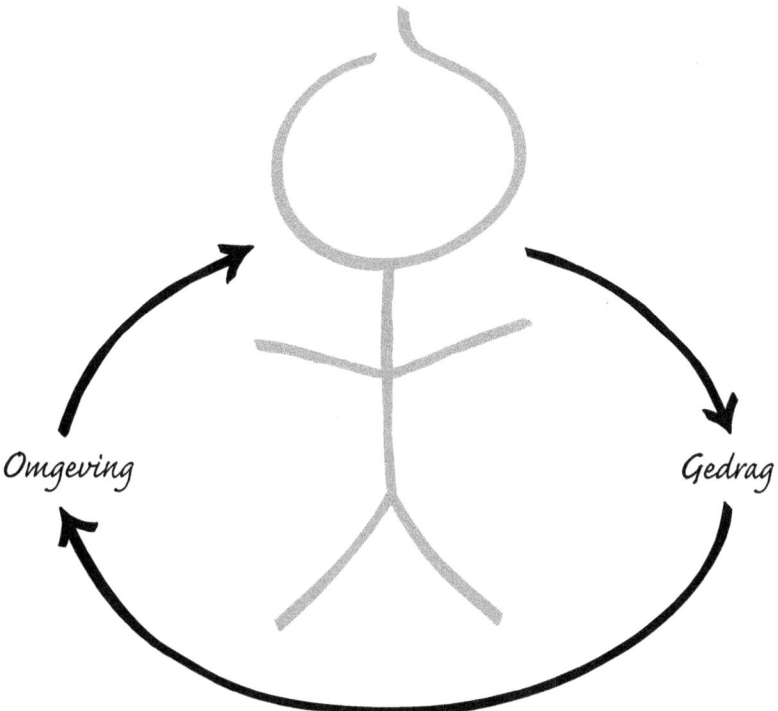

Figuur 4

Bij de start van het leven vindt de interactie tussen persoon en omgeving vooral op lichamelijk/biologisch niveau plaats. Het genetisch materiaal is zogezegd de biologische basis en allerlei invloeden van buitenaf bepalen de werking van de genen. We weten inmiddels dat dit ons hele leven zo blijft. Genen worden 'aan- en uitgezet', afhankelijk van de verschillende ervaringen. Ook de normale ontwikkeling van het zenuwstelsel is afhankelijk van passende omgevingsstimuli. Deze prikkels moeten kwalitatief in orde zijn en op het juiste moment aangeboden worden (Schore, 1996). Het menselijk leven begint met het samensmelten van twee cellen. Na deze start vindt, deels autonoom, deels door omgevingsinvloeden, voortdurende celdeling plaats. Deze cellen gaan verschillende celgroepen vormen, die verschillende functies en structuren verwerven. Dit proces heet *differentiatie*. Het is duidelijk dat deze verschillende onderdelen voldoende op elkaar afgestemd moeten blijven en voldoende samen moeten blijven werken om een samenhangend geheel te vormen, ofwel voldoende georganiseerd te blijven. Deze afstemming en samenwerking noemen we *integratie*. Er zijn ingebouwde zelfcorrigerende mechanismen, die ervoor zorgen dat deze (aanvankelijk biologische) ontwikkeling niet ontspoort (Greenspan, Lourie & Nover, 1997). In figuur 5 is de biologische differentiatie op hersenniveau weergegeven.

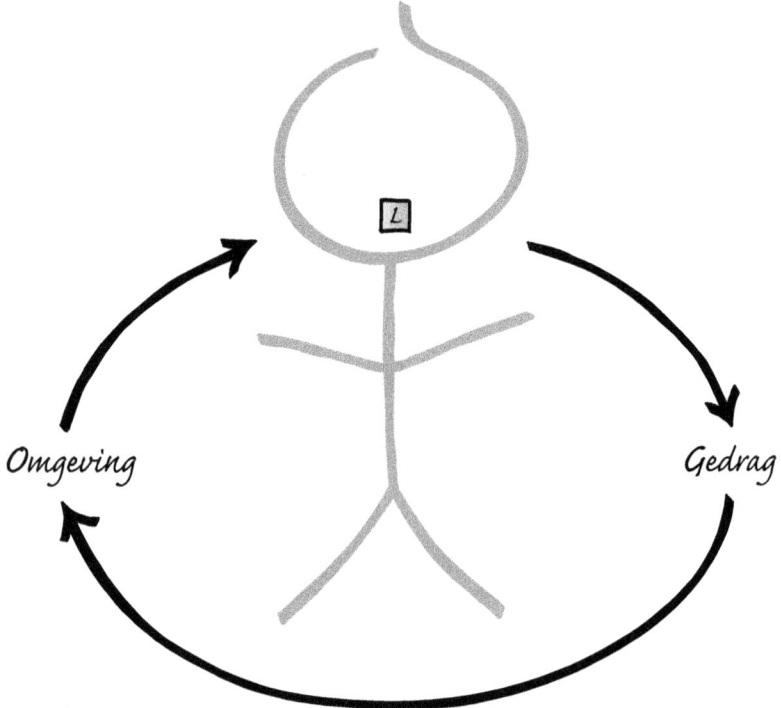

Figuur 5

De beschreven interactie vindt echter niet alleen op lichamelijk niveau plaats. Al in de baarmoeder wordt de invloed van de moeder op het ongeboren kind bepaald door de psychosociale factoren bij de moeder (Van den Bergh, 2002). Na de geboorte komt de interactie op zowel lichamelijk als psychologisch en sociaal niveau tastbaar op gang.

De psychologische aspecten zijn in het Dialoogmodel terug te vinden als het Relationele, Emotionele en Gedachtedomein. In het schema staan ze als vierkantjes met de letters R, E en G. Het contrastverloop in de blokjes verbeeldt de differentiatie in de domeinen. De lijntjes en de letter 'e' (van evenwicht en eenheid) illustreren de onderlinge integratie (figuur 2).

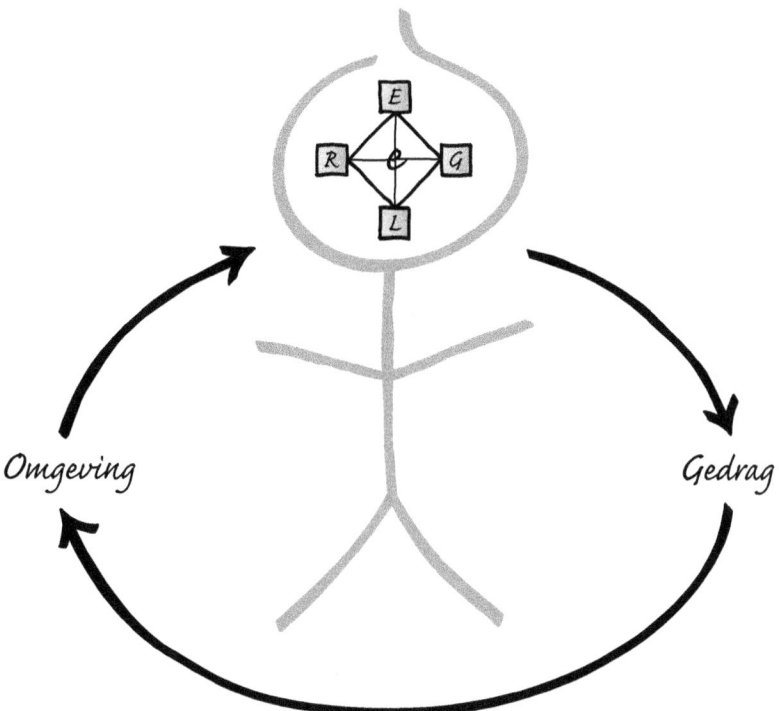

Deze driedeling van psychologische aspecten vraagt om een toelichting. Dat we emoties en cognities tot het psychologisch functioneren rekenen, zal weinig vragen oproepen. De expliciete toevoeging van een relationeel domein in het model behoeft wel enige toelichting. Vroege sociale en vooral goed afgestemde interacties blijken cruciaal voor de ontwikkeling van de hersenstructuren die verantwoordelijk zijn voor de latere gedrags-, cognitie- en emotieregulatie (Perry, Pollard & Blakley, 1995). In de volgende paragraaf wordt met behulp van een beknopte theoretische verklaring, ingegaan op het belang van de relationele factor.

Hechting als essentiële factor voor geïntegreerde ontwikkeling

De relationele ontwikkeling vindt haar basis in hechting. Hechting aan de primaire verzorgers wordt opgevat als een op neuronaal niveau vastgelegde informatiestrategie over gevaar en veiligheid, ongeacht of deze van binnenuit of uit de omgeving komen (Crittenden, 1998). De normale ontwikkeling van hechting verloopt via een beperkt aantal specifieke zorgfiguren (bij 7 tot 9 maanden) naar een doelgericht partnerschap (tegen 2 jaar) tussen moeder en kind waarin samenwerking en communicatie centraal staan (Zeanah, Boris & Larieu, 1997). De afstemming tussen primaire verzorger en kind wordt beschouwd als het mechanisme dat de vorming van hechting medieert (Field, 1985). 'Afstemming' is hierbij de vertaling van *attunement* (Stern, 1985), ofwel het proces van het elkaar gevoelsmatig volgen. Volgens Fogel (1993) is het van belang dat de verzorger vooral in het eerste jaar de toenemende niveaus van prikkeling voor het kind moduleert. Het gaat hierbij om een subtiel samenspel, waarbij tevens de actieve inbreng van het kind in het sociale proces groot is.

Op basis van de ervaringen met ouders en verzorgers, de mate van sensitiviteit en responsiviteit [Omgeving] op het zoekgedrag van het jonge kind [Gedrag], ontstaat volgens de hechtingstheorie (Bowlby, 1969) via neuronale systemen [L-domein] een innerlijk werkmodel [R-domein] dat invloed uitoefent op de emotionele beleving [E-domein], maar ook op de cognitieve stijl, de coherentie van het denken, de werking van het geheugen [G] en het vermogen tot reflectie [integratieniveau]. Fonagy en Target (1997) hebben de laatste jaren over het vermogen tot reflectief mentaliseren belangwekkende inzichten gepubliceerd. In iedere hulpverleningssituatie is het van belang rekening te houden met de mate waarin de hulpvragers intenties, gevoelens en gedachten bij zichzelf en anderen (h)erkennen, ofwel kunnen reflecteren en 'mentaliseren'.

De ontwikkeling van de interne representatie van de hechtingsfiguur, als deel van het innerlijk werkmodel, maakt aanvankelijk kortstondige en later langer durende scheiding mogelijk. Deze georganiseerde mentale voorstellingen, gebaseerd op het beeld dat het kind verworven heeft over de wereld en zijn eigen plaats daarin, worden niet als louter passieve afbeeldingen van objecten, maar als actieve constructen beschouwd. Aangezien ze buiten het bewustzijn actief zijn en zich verzetten tegen veranderingen, blijken ze later moeilijk bij te stellen (Main, Kaplan & Cassidy, 1985). Traditioneel wordt het onderscheid tussen veilig en onveilig gehechte kinderen gemaakt met de 'Vreemde situatie'-procedure als evaluatie-instrument (Ainsworth, Blehar & Waters, 1978). Onveilige hechting wordt binnen de interactie tussen genetische aanleg en omgevingsfactoren als een risicofactor beschouwd, die de kwetsbaarheid voor het ontstaan van psychische stoornissen vergroot (Bowlby, 1969; Ainsworth e.a., 1978; Main, e.a., 1985). De laatste jaren hebben verschillende onderzoekers (o.m. Ledoux, 1996; Lyons-Ruth, 1998; Tronick, 1998; Emde, 1999; Kandel, 1999) de invloed van de primaire hechtingsrelatie via affectregulatie op de structuur en functie van het brein beschreven. Deze beschrijvingen komen er in de kern op neer dat informatie uit de primaire relatie, inclusief de affectieve component hiervan, verankerd wordt in het zogenoemde procedurele geheugen, hetgeen op onbewust niveau een leven lang invloed heeft op de relatievorming van het individu met anderen. Die anderen zijn alle betekenisvolle personen rondom een hulpvrager, inclusief de hulpverleners!

Volgens het Dialoog-schema kan aangegeven worden dat de differentiatie van het R-domein afhangt van het samenspel tussen Omgeving en het L-domein. Als voorbeeld: verloopt dit goed dan ontwikkelen zich het E- en G-domein en vindt er onderlinge integratie plaats. Dit levert het eindplaatje op (zie figuur 6). Indien er verstoring van het hechtingsproces optreedt, dan kan dat in het uiterste geval een totaal gemis aan reflectief of mentaliserend vermogen tot gevolg hebben. De persoon kent in dit geval aan zichzelf en de ander geen gedachten, gevoelens of intenties toe. Hij (re)ageert slechts op gedragsniveau. In het schema ontbreken dan de psychologische domeinen in het hoofd (zoals in figuur 5). Deze schematische voorstelling geeft meteen de richting aan voor eventuele interventies. Die zullen hoogstwaarschijnlijk eveneens op gedragsniveau plaatsvinden en niet een beroep doen op introspectie of reflectie. Uit dit voorbeeld blijkt dat heel ingewikkelde materie op eenvoudige wijze kan worden geordend en verduidelijkt. Er wordt geen 'waarheid' geclaimd, alleen een werkbare vorm gepresenteerd. In de uitleg aan de hulpvrager moet afgestemd worden op diens belevingswereld en bevattingsvermogen. Als hiermee betekenisvolle informatie wordt geboden, dan vergroot dat de kans op vruchtbare samenwerking. In de volgende paragraaf gaan we theoretisch in op de specifieke betekenis van het model voor het hulpverleningsproces.

Procesfactoren die de vormgeving van het Dialoogmodel bepalen

Hulpverlening kan worden beschouwd als *een interactioneel beïnvloedingsproces (dialoog) tussen het hulpvragende en het hulpverlenende systeem met als oogmerk de ontwikkeling (differentiatie en integratie) en het aanpassingsvermogen (regelmogelijkheden) van de hulpvragers in gunstige zin te bevorderen.* De hulpverleningsrelatie is hierbij te zien als een ontmoeting van twee systemen, die voor een bepaalde periode en met specifieke doelen een nieuw systeem vormen (Pinsof, 1993; Maurer, 1998).

Elk systeem kenmerkt zich door vorm en inhoud van de communicatie. Tijdens het gehele zorgproces wordt informatie uitgewisseld, om deze vervolgens op waarde te kunnen schatten en te kunnen benutten. Het is van belang te beseffen dat zowel de hulpvrager als de hulpverlener aan de voorliggende kwesties zijn eigen interpretatie geeft en

dat deze interpretaties door het onderlinge contact worden beïnvloed (Houts, 1984). Ook de sociaal-culturele context is van invloed op de conceptualisering van beide partijen (DiMatteo & DiNicola, 1982).
Het is de taak van de hulpverlener om de hulpvrager ruimte te bieden en te helpen om diens ideeën over ziekte, gezondheid en het genezingsproces te expliciteren. Deze informatie voedt op haar beurt het denken en handelen van de hulpverlening.
Voor het expliciteren van de verschillende verklaringsmodellen hebben betrokkenen elkaar dus nodig, terwijl dit onderlinge contact ook weer invloed heeft op ieders beeldvorming.

Pogingen om 'vraag en aanbod' zo veel mogelijk op elkaar te laten aansluiten kunnen de basis leggen voor een goede en efficiënte samenwerking, ofwel werkalliantie, met patiënten. Bordin (1979) definieert de werkalliantie als een samenwerking tussen patiënt en hulpverlener(s), gebaseerd op de overeenkomst in taken en doelen en de ontwikkeling van een persoonlijke band. Verschillende onderzoekers hebben het verband aangetoond tussen werkalliantie gemeten in de beginfase van behandeling en het uiteindelijke behandelingsresultaat (Kivlighan, 1990; Koktovic & Tracey, 1990; Horvath & Symonds, 1991).
Initiële tevredenheid wordt, naast werkalliantie, beschouwd als een belangrijke indicator voor het op gang komen van het behandelingsproces. Zoals Bleyen en medewerkers (1999) stellen: hoe lager de overeenstemming tussen therapierelevante voorkeuren van de patiënt en de werkelijke behandelingssituatie ('voorkeursdiscrepantie'), des te ontevredener zal de patiënt zijn over het behandelingsproces en des te negatiever zal hij de werkalliantie met zijn hulpverlener(s) beoordelen. Samenwerking kan bij de hulpvragers het geloof in eigen vermogen en de mogelijkheden tot verandering bevorderen en het gevoel van hulpeloosheid verminderen (Frank & Frank, 1991). Deze effecten worden geacht de doelmatigheid van zorg te bevorderen. Vele andere auteurs hebben deze aspecten, die tot de 'algemene werkzame factoren' in (psycho)therapie behoren, in kaart gebracht (zie voor een overzicht Verheij, 2004).
Overigens blijkt uit onderzoek, met name in de somatische geneeskunde, dat de behoefte aan meedenken en meebeslissen bij zeker de helft van de patiënten het geval is. Dit geldt nog sterker naarmate de patiënten jonger zijn (Hamann, Leucht & Kissling, 2003). Veel patiënten zijn wel van mening dat het aan de deskundigen is de 'correcte' opties op een rij te zetten.

De hulpverlener heeft als opdracht via diagnostisch onderzoek een deskundig advies te formuleren. Verschillende opties met hun voor- en nadelen dienen op begrijpelijke wijze voorgelegd te worden aan het hulpvragende systeem. Recht op informatie, bescherming van privacy, recht doen aan de verantwoordelijkheid van ouders, maar ook aan de met de leeftijd toenemende autonomie van het kind of jongere en het zich houden aan de regels van goed hulpverlenerschap zijn verschillende aspecten die de hulpverlener in zijn handelen moet laten meewegen (Wet op de Geneeskundige Behandelingsovereenkomst (WGBO), 1995).
Helder en eenduidig kunnen communiceren over de complexe materie (de problematiek en de zorgprocessen in de kinder- en jeugdpsychiatrie) is een belangrijke voorwaarde om samenwerking te verwezenlijken tussen hulpverleners onderling en evenzeer tussen hulpvragers en hulpverlening.
Epstein, Alper & Quill (2004) stellen dat er nog maar weinig richtlijnen bestaan voor hulpverleners om klinische inzichten met patiënten te delen zodat deze weloverwogen tot keuzes kunnen komen. Op grond van gerelateerd onderzoek en het oordeel van experts komen zij wel tot een aantal aanbevelingen voor hulpverleners in dit verband:
- zich verdiepen in de ervaringen en verwachtingen van de patiënt en diens familie;
- investeren in een werkrelatie;
- beschikbare evidentie toelichten, inclusief een evenwichtige discussie over onzekerheden;
- adviezen geven, met inachtneming van het klinisch oordeel en de voorkeuren van de patiënt;
- checken of de patiënt een en ander begrepen heeft en met het beleid instemt.

Vooral in de fase van indicatiestelling, maar ook op andere momenten, worden er op grond van de naar voren komende gegevens keuzes gemaakt en beslissingen genomen over de te volgen stappen.
In de westerse gezondheidszorg, dus ook in Nederland, overweegt hierbij het gebruik van het overlegmodel (zie Lazare, Eisenthal & Frank, 1979; Van Audenhove & Vertommen, 1984; Hamann, Leucht & Kissling, 2003). Dit is de situatie waarin, rekening houdend met ieders zienswijze, beslissingen via een wederzijds geven en nemen tot stand komen. Deze principes van *shared decision making* (gezamenlijke besluitvorming) stoelen op fundamentele waarden, zoals het recht op zelfbeschikking van de patiënt en het recht op adequate informatie over de problematiek en alle mogelijke interventies. Er bestaan verschillende definities, maar meestal wordt 'shared decision making'

tussen het traditionele medische model ('doctor knows best!') en het 'geïnformeerde beslissing'-model ('informed choice') gesitueerd. Bij de eerstgenoemde pool beslist in het meest extreme geval uitsluitend de dokter wat goed is voor de patiënt, bij de andere tegenovergestelde pool onthoudt de arts zich van elk advies en kiest de patiënt in alle vrijheid waarna de arts hier gevolg aan geeft (Elwyn, 2001).

'Shared decision making' wordt vervolgens gedefinieerd als 'een mechanisme dat de asymmetrie betreffende informatie en macht tussen artsen en patiënten vermindert door de informatiegraad, het autonomiegevoel en/of de controle over behandelingsbeslissingen bij patiënten aangaande het eigen welzijn te vergroten'.

De term *empowerment* omvat alle interventies die gericht zijn op het versterken van de positie van de hulpvrager.

Het over en weer verduidelijken van ideeën, standpunten en onderhandelen over te nemen stappen vormen wezenlijke kenmerken van 'shared decision making'. In die zin verschilt 'shared decision making' essentieel van andere vormen van patiëntparticipatie zoals het geven van psycho-educatie of 'informed consent'. De stem van de patiënt telt in sterke mate mee in 'shared decision making'.

Van Audenhove (1995, pag. 188,189) stelt hierover:

> Het overleg bestaat hierin dat de visie van de patiënt niet alleen beluisterd wordt en geëxploreerd wordt, maar dat die ook kritisch bevraagd wordt. De patiënt wordt geconfronteerd met zijn keuzes en de clinicus oppert alternatieve mogelijkheden. De standpunten en voorkeuren van de patiënt worden hierbij dus getoetst aan de standpunten en inzichten van de therapeut/indicatiesteller. Dit houdt een pleidooi in voor een systematische analyse van voorkeuren en standpunten wat betreft de verschillende indicatiestellingvragen: wel of geen professionele hulp, ..., welke setting, welke werkvorm, welke vertaling van het probleem is op dit moment aanvaardbaar, ...
>
> De informatie wordt op grond van gelijkwaardigheid behandeld. Toch heeft elke partij een eigen inbreng in het overleg.... In een geslaagd overleg komt men tot een besluit waarmee beide partijen het eens zijn.

Dit betoog raakt de kern van het Dialoogmodel. Steeds gaat het om 'wie regelt wat' en 'hoe regelen we het samen'. Van Yperen en De Ruyter (2001) verkennen vier manieren van interactie tussen hulpverlener en cliënt bij diagnostiek en indicatiestelling. Zij onderscheiden: de hulpverlener volgt de cliënt, de cliënt volgt de hulpverlener, de opstelling van cliënt en hulpverlener sluiten niet bij elkaar aan en dat resulteert in een potentieel conflicteuze relatie, en als laatste variant: de opstelling van cliënt en hulpverlener sluiten niet bij elkaar aan, maar dit leidt tot een productieve interactie. Zij stellen dat de laatste variant voor hulpverlener en cliënt de meest wenselijke vorm lijkt, omdat enerzijds de cliënt zijn aanspraken kan laten gelden en anderzijds de onafhankelijke inbreng van de deskundige tot zijn recht kan komen. Beiden hebben belang bij een proces en inhoud die zo veel mogelijk door beiden worden gedeeld. Binnen al deze varianten geeft het Dialoogmodel een goed handvat: voor een vertaling van de hulpvraag van de cliënt, voor verduidelijking van het mogelijke hulpaanbod (en de grenzen daaraan) en als speelveld om tot een gezamenlijke conclusie te komen over de geëxpliciteerde vraag en het gewenste hulpaanbod.

Dit samenspel kan volgens ons het best in een dialoog tot uitdrukking komen. Waar een discussie of een debat winnaars en verliezers kent vanuit vooringenomen stellingen, gaat het bij een dialoog om exploratie van problemen en oplossingen en is er ruimte voor de context. Relaties en verbanden met andere aspecten worden onderzocht en creativiteit en afstemming worden gestimuleerd in een open proces. Het Dialoogmodel is voor dat proces een hulpmiddel.

Uitgangspunten van het Dialoogmodel

De mens wordt gezien als een organisme waarin vanaf de bevruchting van de eicel door de zaadcel onder invloed van interne en externe prikkeling van nature steeds meer *differentiatie* op het niveau van cellen, celgroepen en functies optreedt.

Ingebouwde mechanismen en omgevingsinvloeden geven bij voortgaande differentiatie voldoende afstemming en harmonieuze samenwerking (*integratie*) zodat structuren en functies zich goed ontwikkelen. De hersenen spelen bij deze zelforganisatie een centrale rol.

Vóór de geboorte verlopen de differentiatieprocessen op voornamelijk lichamelijk niveau. Vanaf de geboorte verbreden zij zich merkbaar naar (ook) een psychologisch niveau als gevolg van de op gang komende sociale interactie (met als start en basis het hechtingsproces). De biologisch-genetische basis en het hechtingsproces worden als de twee pijlers voor een goed geïntegreerde ontwikkeling gezien.

Het psychologisch niveau is opgesplitst in een relationeel, een emotioneel en een cognitief domein, die samen met het lichamelijk domein het regelsysteem vormen.

De continue regulering en herorganisatie (in Dialoog-taal het 'regelen') vinden plaats vanuit het individu en de omgeving. De interactie tussen omgeving en individu en elementen binnen de persoon zijn overwegend niet-lineair, maar wederkerig en circulair van aard.

Bij een 'natuurlijke' ontwikkeling regelt in de loop van de tijd het individu steeds meer en de omgeving steeds minder. Het individu wordt ontvankelijker voor prikkeling en vaardiger om de omgeving gunstig te beïnvloeden.

Ontwikkeling verloopt goed als externe prikkeling en interne mogelijkheden 'voldoende goed' zijn, gezien het ontwikkelingsstadium, en er voldoende afstemming is tussen de 'binnen- en buitenwereld' van het organisme.

Verstoring van de ontwikkeling van de persoon kan het gevolg zijn van 'aangeboren' interne stoornissen, van externe prikkels die niet bij het ontwikkelingsniveau van de verschillende interne mogelijkheden passen, of van een combinatie van beiden.

Vindt er geen aanpassing van prikkeling plaats aan de verstoring, dan kan deze in de loop der tijd toenemen en tot disfunctioneren of tot (psychiatrische) stoornissen leiden.

Om verstoring te verminderen of te verhelpen, is specifieke prikkeling en soms aanpassing van de omgeving nodig, passend bij het bestaande differentiatie- en integratieniveau. Vanuit die aanpassing kan differentiatie en/of integratie verder bevorderd worden.

Het Dialoogmodel, dat een persoon in samenhang met zijn omgeving in kaart brengt, heeft als onderdelen: 'Omgeving', 'regelsysteem' (met vier domeinen: Lichamelijk, Relationeel, Emotioneel, Cognitief/Gedachten) en 'Gedrag'. Via deze zes elementen kunnen eenvoudig en in samenhang alle gegevens vanuit de verschillende onderzoeken aangegeven worden evenals de geadviseerde zorg, op welk onderdeel gericht (zie figuur 2).

11 Besluit

In de voorgaande hoofdstukken hebben we beschreven vanuit welke achtergrond, met welk doel, waar en op welke manier wij het door ons ontwikkelde Dialoogmodel inzetten. Wij zijn ervan overtuigd dat andere hulpverleners en behandelteams er hun voordeel mee kunnen doen in het gesprek met de hulpvragers.

Wij hopen dat we daarbij duidelijk hebben kunnen maken dat het Dialoogmodel, hoewel het simpel oogt en als een invuloefening gezien kan worden, in wezen een grote complexiteit weergeeft waarbij op meerdere niveaus afwegingen en keuzes nodig zijn. Het Dialoogmodel is een hulpmiddel om deze complexiteit te overzien, om meer inzicht in de situatie te krijgen, om de dynamiek tussen betrokkenen te doorgronden, en om daarover in gesprek te gaan. Dat is de basis waarop een behandelingstraject besproken en overeengekomen kan worden. Dus vooral in overstemming met elkaar, en minder louter bedacht door de hulpverleners voor de hulpvragers.

In dit boek hebben we met name de praktische toepassingen en de voordelen van het model naar voren willen brengen.

Het model heeft ook zijn beperkingen. In de eerste plaats moet het niet gezien worden als een nieuwe invalshoek of een vervanger van bestaande modellen. Integendeel, we hopen aangetoond te hebben dat het vooral een ondersteuning kan zijn om eigen opvattingen, ideeën en werkwijzen op een meer inzichtelijke manier naar voren te brengen en bespreekbaar te maken. We bepleiten met het model evenmin een 'andere' kijk op problematiek, of een andere werkwijze of benadering van diagnostiek of inventarisatie. Het Dialoogmodel beperkt zich tot het ordenen en integreren van alle gegevens en er betekenis aan te verlenen, opdat met de hulpvragers zo vruchtbaar mogelijk overlegd kan worden. Het is een valkuil om het Dialoogmodel te zien en in te zetten als diagnostisch instrument. Daar is het is niet geschikt voor. De domeinen zijn immers geen elkaar uitsluitende gebieden die door bepaalde scoorbare items te vullen zijn.

Het uiteindelijke doel van het Dialoogmodel is, dat het de hulpvragers helpt om meer zicht en grip te krijgen op hun problematiek, maar vooral ook op hun aanwezige mogelijkheden en sterke kanten, en hieruit hoop en motivatie te putten. En daarmee helpt het model naar oplossingen te zoeken en na te gaan waar en hoe de hulpverleners mee kunnen regelen. In die zin is het Dialoogmodel op te vatten als hulpmiddel binnen de bredere opvattingen rond *empowerment* als basisvisie in de bejegening van de hulpvragers. Daarbij wordt met het Dialoogmodel niet rechtstreeks de lijdenslast, de veranderwens en de motivatie voor behandeling geïnventariseerd, maar is er de hoop dat toepassing van het model bijdraagt aan verschuivingen ten goede wat dit betreft.

Evenmin is het mogelijk om via het Dialoogmodel de levensloop (met hoogtepunten en eventuele trauma's) van de hulpvrager in kaart te brengen. Deze vinden hun plaats in de intake- en onderzoeksverslagen. Belangrijke ervaringen en gebeurtenissen kunnen wel in het onderdeel Omgeving vermeld worden. In de dialoog tussen hulpvragers en hulpverleners kunnen ze dan gemakkelijk in het verhaal worden geweven om bepaalde symptomen en reactiepatronen een plaats te geven.

Een valkuil bij het gebruik van het Dialoogmodel schuilt in de ogenschijnlijke eenvoud. In de praktijk blijkt dat het inderdaad veel houvast biedt, en het tegelijkertijd een groot interactioneel speelveld oplevert, waarmee creatief omgegaan kan worden. Met een starre inzet van het Dialoogmodel kan de hulpverlener echter aan het doel van een betere afstemming volledig voorbijschieten. Steeds heeft de hulpverlener de taak om goed af te stemmen op en aan te sluiten bij de beleving en opvattingen van de hulpvragers, en tegelijkertijd om daar vruchtbare verschuivingen in aan te brengen. Mogelijk biedt het model beginnende hulpverleners houvast bij het grip krijgen op de vaak complexe werkelijkheid van de hulpvragers, en kan het model het creatieve speelveld van gevorderde hulpverleners vergroten.

Een andere beperking is dat het ontstaan is vanuit één bepaalde setting, te weten de kinder- en jeugdpsychiatrie en de jeugdzorg in het algemeen, en dat de meeste voorbeelden beperkt zijn tot ervaringen in een ambulante setting. Dat neemt niet weg dat er al waardevolle ervaringen zijn binnen enkele kinder- en jeugdpsychiatrische afdelingen. Giel Vaessen (2003a, 2003b, 2004) doet in zijn publicaties verslag van hoe hij het ID-model (de voorloper van het Dialoogmodel) inzet. Jooske Kool (2006) gebruikt het model enerzijds voor het verduidelijken van de problematiek en anderzijds om aan te geven op welke domeinen haar training in psychosociale weerbaarheid voor kinderen (en hun ouders en opvoeders) aansluit. Daarnaast is het ID-model de afgelopen jaren op enkele Nederlandse en internationale congressen (over psychiatrie en persoonlijkheidsstoornissen) gepresenteerd met posters en in workshops, met positieve respons.

De belangrijkste beperking van het model tot nu toe is dat het gebaseerd is op theoretische uitgangspunten en praktijkervaring. Er zijn geen onderzoeksgegevens voorhanden waaruit blijkt dat het gebruik van het model de meerwaarde oplevert die wij ervaren. Opvallend is dat er in ons werkveld nauwelijks onderzoek gedaan is naar, of richtlijnen zijn opgesteld voor de hulpverleningsfase waarin overeenstemming bereikt moet worden over gezamenlijke probleemdefiniëring en een gezamenlijk behandel- of begeleidingstraject. Over diagnostische processen is het nodige bekend dat zijn neerslag vindt in onderzoeksprotocollen. Steeds meer behandelingen kunnen tegenwoordig 'evidence based' worden toegepast. Over de koppeling van diagnose en/of indicatiestelling en behandeling is voor hulpverleners daarmee steeds meer bekend, hetgeen voor zover mogelijk vertaald wordt in de DBC's ('Diagnose Behandeling Combinaties'). Hoe hierover op een vruchtbare wijze met hulpvragers in gesprek te gaan is echter nauwelijks wetenschappelijk onderzocht.
Een van ons beiden (GW) wil via promotieonderzoek duidelijk maken in hoeverre het Dialoogmodel een meerwaarde kan leveren in deze belangrijke hulpverleningsfase: de dialoog over wat, wie, waar en hoe.
Wij denken dat het Dialoogmodel goed inzetbaar is in al die werkvelden waar in de bejegening van zorgvragers en in het uitstippelen van een zorgtraject meerdere domeinen van functioneren van belang zijn. Zo kan bijvoorbeeld in de praktijk van de somatische geneeskunde aan het gebruik van het Dialoogmodel gedacht worden bij bespreking van onbegrepen klachten, bij het hanteren van chronische ziekten, bij comorbiditeit en dergelijke.
Ingrijpende lichamelijke aandoeningen betekenen immers niet alleen een verstoring van het lichamelijk domein, maar hebben hun weerslag op alle domeinen en de omgeving. Soms kunnen die niet in het afwegingsproces voor medisch handelen meegenomen worden (zeker niet in acute en/of levensbedreigende situaties), vaak echter zullen bredere afwegingen ondersteunend werken binnen het medisch handelen, bij revalidatie en bij het uitstippelen van een zorgtraject.

Ook op scholen kan het Dialoogmodel gebruikt worden, bijvoorbeeld tijdens ouderavonden. Het algeheel functioneren van een leerling op school is via het Dialoogmodel door een leerkracht overzichtelijk en bondig aan te geven. Niet alleen de schoolse prestaties maar ook het emotioneel, relationeel en lichamelijk functioneren komen zo aan bod, ingebed in het klassikale gebeuren. Eventuele indicatiestellingen voor *remedial teaching* of voor een overplaatsing naar speciaal onderwijs zijn relatief eenvoudig uit te leggen.

In feite is het Dialoogmodel in onze ogen goed inzetbaar binnen alle zorginstituten om differentiatie en integratie van alle meebepalende factoren te ordenen en daarover als hulpverleners met elkaar en met de hulpvragers in gesprek te gaan. Het model kan ook als brug fungeren tussen verschillende zorginstituten als er grote verschillen in visie op problematiek en aanpak bestaan.

We hopen duidelijk gemaakt te hebben dat het model niet iets is wat de hulpvrager moet 'snappen' om verdere hulp te kunnen krijgen, maar dat gebruikt kan worden als middel om uit te drukken hoe de hulpverlener de hulpvrager begrepen heeft.

Training in het Dialoogmodel

Hulpverleners kunnen aan de hand van wat in dit boek beschreven is, nagaan wanneer en hoe zij het Dialoogmodel willen gebruiken in hun dagelijkse praktijk. Het is onze ervaring dat, als multidisciplinaire teams het Dialoogmodel gaan gebruiken als ondersteunend model in onderling overleg en systematisch als handvat voor het overleg met hulpvragers, een korte training helpt dit op een consistente en gemeenschappelijke manier te doen. Wij hebben een korte trainingscyclus opgesteld waarvan gebruik gemaakt kan worden. Voor actuele informatie, zie www.dialoogmodel.nl.

Literatuur

Ainsworth, M.D., Blehar, M.C. & Waters, E. (Eds.) (1978). *Patterns of attachment: a psychological study of the Strange Situation*. Hillsdale, NJ: Erlbaum.
Audenhove, C. Van (1995). Indicatiestelling voor psychotherapie. *Tijdschrift voor Psychotherapie, 3*, 182-193.
Audenhove, C. Van & Vertommen, H. (1984). Indicatiestelling voor psychotherapie door overleg. *Tijdschrift voor Psychotherapie, 10*, 28-42.
Bergh, B.R.H.M. van den (2002). Het belang van de prenatale levensfase voor de ontwikkeling van psychopathologie. *Kind en Adolescent, 23*, 97-111.
Bleyen, K., Vertommen, H. & Audenhove, C. Van (1999). Het belang van voorkeuren van cliënten in de beginfase van een residentiële behandeling. *Tijdschrift voor Psychiatrie, 41*, 267-176.
Bordin, E.S. (1979). The generalizability of the psychoanalytic concept of working alliance. *Psychotherapy: Theory, research and practice, 16*, 252-260.
Bowlby, J. (1969). *Attachment and Loss. Vol. I*. New York: Basic Books.
Cicchetti, D. & Cohen, D.J. (1995). *Developmental psychopathology. Volume 1, Theory and Methods*. New York: John Wily & Sons.
Crittenden, P. (1998). Attachment and psychopathology. In: S. Goldberg, R. Muir & J. Kerr (Eds.), *Attachment theory: Social, developmental and clinical perspectives*. Hillsdale, NJ: The Analytic Press.
DiMatteo, M.R. & DiNicola, D.D. (1982). *Achieving patient compliance: The psychology of the medical practitioner's role*. New York: Pergamon Press.
Elwyn, G. (2001). *Shared decision making. Patient involvement in clinical practice*. Proefschrift. Universiteit Wageningen.
Emde, R.N. (1999). Moving ahead: Integrating influences of affective process for development and for psychoanalysis. *International Journal of Psychoanalysis, 80*, 317-340.
Engel, G.L. (1980). The clinical application of the biopsychosocial model. *The American Journal of Psychiatry, 137*, 535-544.
Epstein, R.M., Alper, B.S. & Quill, T.E. (2004). Communication evidence for participatory decision making. *Journal of the American Medical Association, 291*, 2359-2366.
Field, T. (1985). Attachment as psychobiological attunement: Being on the same wavelength. In M. Reite & T. Field (Eds.), *The psychobiology of attachment and separation*. Orlando: Academic Press.
Fogel, A. (1993). *Developing through relationships. Origins of communication, self and culture*. New York: Harvester Wheatsheaf.
Fonagy, P. & Target, M. (1997). Attachment and reflective function. Their role in

self-organization. *Development and Psychopathology, 9,* 679-700.

Frank, J.D. & Frank, J.B. (1991). *Persuasion and healing.* 3rd edition. Baltimore/London: John Hopkins University Press.

Geert, P. van (2003). De dynamische systeemtheorie van ontwikkeling. In: L. Verhofstadt-Denève, P.L.C. van Geert & A. Vyt, *Handboek ontwikkelingspsychologie. Grondslagen en theorieën.* Houten: Bohn Stafleu van Loghum.

Greenspan, S.I., Lourie, R.S. & Nover, R.A. (1979). A developmental approach to the classification of psychopathology in infancy and early childhood. In: J.D. Noshpitz (Ed.), *Basic handbook of child psychiatry. Volume 2.* New York: Basic Books.

Hamann, J., Leucht, S., & Kissling, W (2003). Shared decision making in psychiatry. *Acta Psychiatrica Scandinavica, 107,* 403-409.

Horvath, A.O., & Symonds B.D. (1991). Relation between working alliance and outcome in psychotherapy: A meta-analysis. *Journal of Counseling Psychology, 38,* 139-149.

Houts, A.C. (1984). Effects of clinician theoretical orientation and patient explanatory bias on initial clinical judgments. *Professional Psychology: Research and Practice, 15,* 284-293.

Kandel, E.R. (1999). Biology and the future of psychoanalysis: A new intellectual framework for psychiatry revisited. *The American Journal of Psychiatry, 156,* 505-524.

Kivlighan, D.M. Jr. (1990). Relation between counselor's use of interventions and clients perception of working alliance. *Journal of Counseling Psychology, 37,* 27-32.

Kool, J. (2006). *Ho, tot hier en niet verder...! Training in psychosociale weerbaarheid voor kinderen en hun ouders en opvoeders.* Leuven/Voorburg: Acco.

Kokotovic, A.M., & Tracey, T.J. (1990). Working alliance in the early phase of counseling. *Journal of Counseling Psychology, 37,* 16-21.

Lazare, A., Eisenthal, S., & Frank, A. (1979). Clinician/patient relations I. Attending to the patients perspective. In: A. Lazare (Ed.), *Outpatient psychiatry: Diagnosis and treatment.* Baltimore: Williams & Wilkins.

Ledoux, J. (1996). *The emotional brain: The mysterious underpinning of emotional life.* New York: Simon & Schuster.

Lyons-Ruth, K. (1998). Implicit relational knowing: Development and psychoalalytic treatment. *Infant Mental Health Journal, 19,* 282-289.

Main, M., Kaplan, N., & Cassidy, J. (1985). Security in infancy, childhood and adulthood: a move to the level of representation. In: I. Bretherton & E. Waters (Eds.), Growing points in attachment: theory and research. *Monographs of the Society of Child Development, 59,* 66-104.

Maurer, J. (1998). Intersysteemkenmerken als leidraad voor therapiekeuze. Een aanzet tot een ordeningsmodel voor systeembenaderingswijzen. *Tijdschrift voor Psychotherapie, 24,* 91-104.

Maurer, J. & Westermann, G. (2003). Het ID-model in de praktijk. In dialoog over problematiek en aanpak. *Kind en Adolescent Praktijk, 2*(4), 14-20.

Perry, J. Chr., Pollard, R.A. & Blakley, T.L. (1995). Childhood trauma, the neurobiology of adaptation, and 'use-dependent' development of the brain: How 'states' become 'traits'. *Infant Mental Health Journal, 16,* 271-191.

Pinsof, W.M. (1993). An integrative systems perspective on the therapeutic alliance: Theoretical, clinical, and research implications. In: A. Horvath & L.

Greenberg (Eds.), *The working alliance: Theory, research, and practice*. New York: John Wiley & Sons.

Schore, A. (1996). The experience dependent maturation of a regulatory system in the orbital prefrontal cortex and the origin of developmental psychopathology. *Development and Psychopathology, 8*, 59-87.

Sexton, T.L. & Alexander, J.F. (2004). *Functional family therapy, clinical training manual*. Seattle: FFT LLC.

Stern, D.N. (1985). *The interpersonal world of the infant: a view from psychoanalysis and developmental psychology*. New York: Basic Books.

Thelen, E. (1989). Self-organization in developmental processes: Can systems approaches work. In: M. Gunnar & E. Thelen (Eds.), *Systems and development. The Minnesota Symposia in Child Psychology*. Hillsdale: Lawrence Erlbaum.

Tronick, E.Z. (1998). Dyadically expanded states of consciousness and the process of therapeutic action. *Infant Mental Health Journal, 19*, 290-299.

Vaessen, G. (2003a). *Een kink in de kabel, psychiatrische problemen bij kinderen en jeugdigen in een leefgroep*. Antwerpen/Apeldoorn: Garant.

Vaessen, G. (2003b). *Een wervelkind. Praktisch handboek voor ouders en kinderen met ADHD, een pittig temperament of tegendraads gedrag*. Antwerpen/Apeldoorn: Garant.

Vaessen, G. (2004). *Als hechten moeilijk is. De rode draad uit het verleden. Een professioneel dialooggericht aanbod voor ambulante werkers in de jeugdzorg en ouders*. Antwerpen/Apeldoorn: Garant.

Verheij, F. (red.) (2005). *Integratieve kinder- en jeugdpsychotherapie*. Assen: Koninklijke Van Gorcum.

Westermann, G.M.A. & Maurer, J. M.G. (2003). Het Integratie Differentiatiemodel (ID-model). Een brug tussen hulpvrager en hulpverlener. *Kind en Adolescent, 24*, 97-106.

Wet op de Geneeskundige Behandelingsovereenkomst (1995). *Burgerlijk Wetboek*. Den Haag: Sdu.

Yperen, T.A. van & Ruyter, D. de (2001). Vraaggerichte diagnostiek en indicatiestelling in de Bureaus Jeugdzorg. In: Huub Pelzer & Pim Steerneman (red.), *Diagnose van de diagnostiek* (p. 69-88). Leuven/Apeldoorn: Garant.

Zeanah, C.H., Boris, N.W., & Larieu, J.A. (1997). Infant development and developmental risks: a review of the past 10 years. *Journal of the American Academy of Child and Adolescent Psychiatry, 36*, 165-178.

Bijlage 1[1]

Goed geregeld!?
Deze uitleg is voor jou (en voor je ouders/verzorgers).
Je bent bij ons gekomen omdat er problemen zijn. Jij en je omgeving krijgen het zelf niet goed meer geregeld.
Wij willen samen met jullie zoeken naar mogelijkheden waardoor het weer lukken kan.
Daarbij willen we gebruik maken van jullie sterke kanten en houden we rekening met de minder sterke.
Als er problemen zijn komt dat meestal op meerdere gebieden tot uiting: in hoe je met anderen omgaat, in je emoties, in hoe je denkt, en in hoe het lichamelijk gaat, en hoe jij en je omgeving op elkaar reageren.

Om te zorgen dat je zaken weer beter geregeld krijgt, dat je sterke kanten beter tot hun recht komen, en dat je beter met je minder sterke kanten om kunt gaan, willen we samen met jou kijken hoe dat te bereiken is.

Duidelijk is: hoe het met je gaat, heeft niet alleen invloed op jouw gedrag, maar ook op je omgeving. En de reacties uit je omgeving hebben weer invloed op jou en je gedrag.
We kunnen dit op deze manier tekenen:

[1] © GW-JM 2007 Maurer/Westermann. Beter communiceren in de hulpverlening
Deze bijlage mag voor eigen gebruik worden gekopieerd.

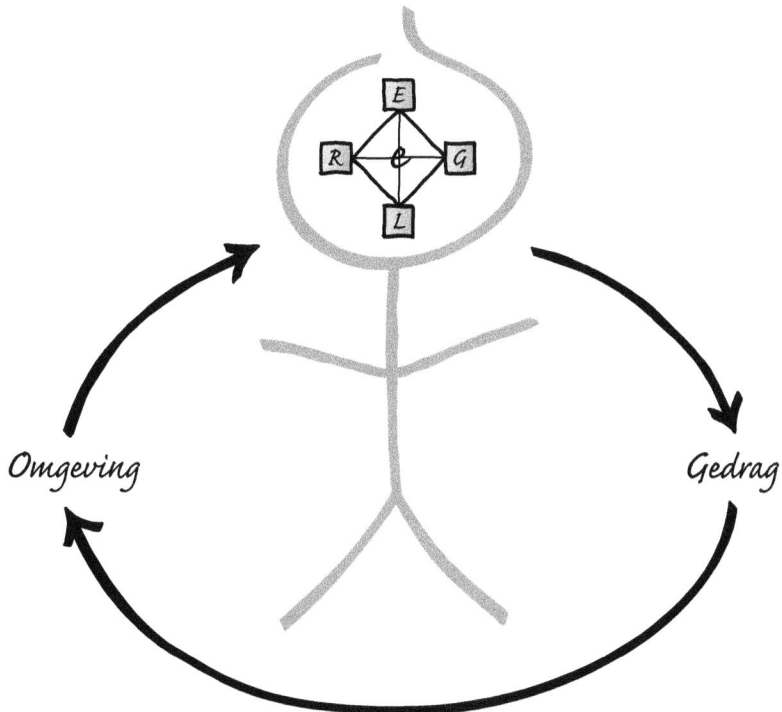

Het Dialoogmodel.

Ieder mens is anders, is een uniek persoon. Je lichamelijke eigenschappen (L), je gevoelens, emoties (E), je gedachten (G) en hoe je met jezelf en anderen omgaat (R), bepalen samen wie je bent, wat je wilt en kunt.

Deze vier kanten van jezelf hebben we met de hoofdletters in het rondje gezet. Die vier staan niet los van elkaar, als je bijvoorbeeld sterke emoties hebt, zal dat ook je gedachten bepalen, zal je lichaam bepaalde reacties laten zien, en ga je op een bepaalde manier met anderen om. In het plaatje hebben we daarom de verschillende kanten met lijntjes verbonden. Ze zullen elkaar steeds op allerlei manieren beïnvloeden. Het feit dat ze kunnen veranderen, is in elk blokje te zien door de overgang van licht naar donker.

Als het goed met je gaat, zijn de verschillende kanten in evenwicht en vormen ze samen een eenheid (de letter 'e' in het midden). Daarom hebben we de e in het midden gezet.

Als er problemen zijn is er meestal bij enkele van de genoemde kanten iets mis gegaan en werken ze niet meer zo goed samen: je raakt dan ontregeld.
Samen gaan we kijken hoe je REGeLsysteem weer beter kan functioneren, zodat je je met vertrouwen verder kunt ontwikkelen, in evenwicht met je omgeving (thuis, school/werk, vrienden). Wij kijken ook naar wat die anderen kunnen bijdragen.

We gaan met jou en je ouders/verzorgers na waar jouw/jullie sterke kanten liggen, hoe die zo goed mogelijk te gebruiken, en wat je minder sterke kanten zijn, om die zo goed mogelijk te verstevigen.
Het bijgevoegde werkblad vullen we samen in.
Samen gaan we aan de slag, zodat je na een tijdje kunt zeggen: goed geregeld!

Bijlage 2[1] Dossieranalyse

Gelezen door:

Datum:

Tijdsinvestering:

Naam cliënt:

Geboortedatum:

Cliëntnummer:

Juridische status:

Gezinssamenstelling:

Verwijzer:

Reden van verwijzing:

Vraagstelling van verwijzer:

Hulpvraag aangemelde persoon:

Ontvangen rapportage

Soort	organisatie	datum	auteur

Probleemschets:

Gedrag:

Lichamelijk domein:

Relationeel domein:

Emotioneel domein:

Gedachtedomein:

Omgeving
- gezin
- school/werk:
- vrije tijd/sociale contacten:

Regelmogelijkheden:

Globale beschouwing/hypothesen:

1   © GW-JM 2007 Maurer/Westermann Beter communiceren in de hulpverlening
    Deze bijlage mag voor eigen gebruik worden gekopieerd.

Bijlage 3[1] Verslag intakegesprek

Naam patiënt:

Geboortedatum:

Intakedatum:

Naam intakers:

Observatie/indruk

Probleemdefiniëring en hulpvraag kind/jongere/ouders/ verzorgers:

Gedrag:

Lichamelijk domein:

Relationeel domein:

Emotioneel domein:

Gedachtedomein:

Omgeving:
- gezin:
- School/werk:
- vrije tijd/hobby's/sociale contacten:

Regelmogelijkheden:

[1] © GW-JM 2007 Maurer/Westermann Beter communiceren in de hulpverlening
Deze bijlage mag voor eigen gebruik worden gekopieerd.

Bijlage 4[1] Terugrapportageformulier (te gebruiken als verkorte behandelingsovereenkomst)*

Naam patiënt:

Geboortedatum:

Datum terugrapportage:

Casemanager:

Onderzoeksbevindingen:

Gedrag:

Lichamelijk domein:

Relationeel domein:

Emotioneel domein:

Gedachtedomein:

Omgeving:

- gezin:
- school/werk:
- Vrije tijd/sociale contacten:

Regelmogelijkheden:

Beschrijvende diagnose:

Voorgestelde behandeling/ behandelaar

Gedrag:

Lichamelijk domein:

Relationeel domein:

Emotioneel domein:

Gedachtedomein:

Omgeving:

- gezin:
- school:
- vrije tijd/sociale contacten:

[1] © GW-JM 2007 Maurer/Westermann. Beter communiceren in de hulpverlening
Deze bijlage mag voor eigen gebruik worden gekopieerd.

* **In dit geval worden de DSM IV-classificatie en handtekeningen voor akkoord met datum van de jeugdige, ouders/verzorgers en hoofdbehandelaar toegevoegd.**

Bijlage 5[1] Evaluatieformulier (aanvulling op behandelingsplan)

Evaluatieformulier (aanvulling op behandelingsplan)

Naam patiënt:

Geboortedatum:

Evaluatie   1 2 3 4 5

Datum evaluatie:

Casemanager/ouderbegeleider:

Modules/behandelaar: – 1
                                          – 2

Eventuele veranderingen in:

Gedrag:

Lichamelijk domein:

Relationeel domein:

Emotioneel domein:

Gedachtedomein:

Omgeving:

- gezin:
- school/werk:
- vrije tijd/sociale contacten:

Eventuele aanpassing diagnose:

Bereikte behandeldoelen (veranderingen in regelmogelijkheden):

Eventuele nieuwe behandeldoelen:

Voortzetting behandeling:

Volgende evaluatie:

Handtekeningen betrokkenen:

---

1   © GW-JM2007 Maurer/Westermann. Beter communiceren in de hulpverlening
    Deze bijlage mag voor eigen gebruik worden gekopieerd.

Dankwoord

Het Dialoogmodel is letterlijk in dialoog op de 'werkvloer' ontstaan tijdens ontmoetingen met onze hulpvragers en collega-hulpverleners. De nood en de vragen van de hulpvragers zetten ons steeds weer aan het denken over hoe wij zo goed mogelijk kunnen aansluiten bij hun vragen en veranderbehoeften. Zonder hun inbreng was het Dialoogmodel niet ontstaan.

Veel groepswerkers en andere collega's hebben met het toepassen van het model in de praktijk bijgedragen aan de voortgaande ontwikkeling. Wij willen hen allen – zonder ze persoonlijk te noemen – hiervoor bedanken.

Wegens hun directe inspiratie bij het ontstaan van enkele hoofdstukken in dit boek danken wij Richard Brunenberg, Rita van den Elzen en Giel Vaessen.

Voor het kritisch lezen van eerdere versies van ons manuscript en voor hun nuttige suggesties willen wij Emily Chatrou, Bart Jansen en Frank Pauly hartelijk danken.

Zonder de inspirerende aanwijzingen van de uitgeverij in de persoon van Jenny Swart en Nicole van Hoorn en zonder de steun van onze gezinnen was dit boek nooit tot stand gekomen.

Jac Maurer en George Westermann

De auteurs

Jac Maurer (1950), klinisch psycholoog en psychotherapeut, was van 1977 tot 1990 werkzaam in de volwassenenpsychiatrie, eerst in het voormalige Sint Joris Gasthuis in Delft, vanaf 1979 in de huidige Mondriaan Zorggroep (MZG) in Heerlen als individueel, gezins- en groepstherapeut. Van 1983 tot 1990 was hij tevens parttime verbonden aan de afdeling Sociale Psychiatrie van RIAGG Helmond.
Hij werkt sinds 1990 in de Divisie Kinderen en Jeugdigen van de MZG, locatie Wickraderheem in Heerlen, vanaf 2004 eveneens binnen de Polikliniek Forensische Jeugdpsychiatrie Sedna in Cadier en Keer.
Hij heeft publicaties op zijn naam staan over gezinspsychomotorische therapie (met Hans Krot), groepstherapie en gezinstherapie.

George Westermann (1959) is van 2003 tot april 2007 werkzaam geweest als kinder- en jeugdpsychiater bij het ErasmusMC-Sophia te Rotterdam en werkt vanaf 2003 bij het Prins Claus Centrum in Sittard. Van 1993 tot 2003 was hij werkzaam bij het kinder- en jeugdpsychiatrisch centrum Wickraderheem (Mondriaan Zorggroep) in Heerlen, de laatste jaren onder meer als opleider kinder- en jeugdpsychiatrie.
Hij publiceert met enige regelmaat over zijn aandachtsgebieden: ADHD, psychose, persoonlijkheidsproblematiek en psychofarmacotherapie.
Hij is bestuurslid van de afdeling Kinder- en Jeugdpsychiatrie van de Nederlandse Vereniging voor Psychiatrie. In die functie is hij onder meer betrokken bij de richtlijnontwikkeling. Verder is hij redacteur van *Kind en Adolescent Praktijk* en is hij betrokken bij het landelijk kenniscentrum kinder- en jeugdpsychiatrie. Hij verricht promotieonderzoek naar verbetering van informatieoverdracht en samenwerking van hulpvragende en hulpverlenende systemen in de kinder- en jeugdpsychiatrie.

De auteurs hebben samen workshops verzorgd en gepubliceerd over de samenhang tussen ontwikkelingsstoornissen en persoonlijkheidsontwikkeling en over het ID/Dialoogmodel.

Register

aandachtstekortstoornis met hyperactiviteit (ADHD) 20, 53, 85, 92
adviesgesprek 23, 58
afstemming 13
Asperger, stoornis van 60
autismespectrumstoornis 49
autistische ontwikkeling 57
behandelgroep 70
behandelingsovereenkomst (BHO) 46, 55, 70
beslismoment 56
BHO 46, 55, 70
biopsychosociaal model 103
BOPZ 35
BOPZ-maatregel 35
borderlinedynamiek 34
borderlineproblematiek 71
CGT 83
circulaire interactie 22
cognitieve gedragstherapie (CGT) 83
contactstoornis 23
crisisdienst 33
crisissituatie 50
DBC 53, 90, 119
depressie 57
depressief toestandsbeeld 60
Diagnose Behandeling Combinatie (DBC) 53, 90, 119
Dialoogmodel, training in 120
differentiatie 11, 13, 107
domeinen 18
dwanggedrag 83
dynamische systeembenadering 105
empowerment 114, 118
geestelijke gezondheidszorg (ggz) 90
gezinsdynamiek 66
gezinsfunctioneren 23
ggz 90
hechting 109
hoogbegaafd 23
hyperventilatie 26
IBS 71
ID-model 11
inbewaringstelling (IBS) 71
indicatiebesluit 46
indicatiestelling 90
intakegesprek 41
intakeverslag 46
integratie 11, 13, 107
Integratie-differentiatiemodel (ID-model) 11
klinische behandeling 70
mentaliseren 110
ondertoezichtstelling (OTS) 27, 53
onderzoeksfase 45
ontregeling 16
OTS 27, 53
ouderbegeleiding 63, 83
persoon-omgevingsinteractie 106
prikkels 13
psycho-educatie 91
psychomotorische therapie 24, 63
psychotische ontregeling 95
rechtszitting 37
reflecteren 110
regelen 103
regelmogelijkheden 36
regelsysteem 13, 22
relationele ontwikkeling 109
shared decision making 113
sterkte-zwakteanalyse 73
stoornis van Asperger 60
training in het Dialoogmodel 120
valkuil 53
vermoeidheidsklachten 61
voorinformatie 28

werkalliantie 112
Wet Bijzondere Opnemingen Psychiatrische Ziekenhuizen (BOPZ) 35
Wet op de Geneeskundige Behandelingsovereenkomst (WGBO) 113
WGBO 113
zindelijkheidsproblemen 74

GPSR Compliance
The European Union's (EU) General Product Safety Regulation (GPSR) is a set of rules that requires consumer products to be safe and our obligations to ensure this.

If you have any concerns about our products, you can contact us on

ProductSafety@springernature.com

In case Publisher is established outside the EU, the EU authorized representative is:

Springer Nature Customer Service Center GmbH
Europaplatz 3
69115 Heidelberg, Germany

www.ingramcontent.com/pod-product-compliance
Lightning Source LLC
LaVergne TN
LVHW080314260326
834688LV00038B/1115